プログラミングの
玉手箱

はじめに

　さまざまなものがIT化され、IT業務に携わる人達は増え続けています。

　ライブラリやフレームワークの登場によって、短いプログラムでたくさんの処理ができるようになった結果、プログラミングの敷居は、大きく下がりました。
　ネットワークやサーバなどのインフラについても、クラウドに任せることで、細かいことを知らなくても運用できるようになりました。

　こうしたことは、業界が大きくなった今、自然な流れですし、とても良いことです。
　しかしその一方で、CPU能力が低く、メモリが少なくて工夫していた「あの頃」の「古典的な技術」が、失われていくのは忍びないものです。
　別に、懐古趣味で言っているのではありません。古典的な技術は、いまの時代にもつながっていくアイデアの源にもなると考えているからです。
*
　本書は、昔の手法を紹介しつつ、「いまでは、どんなところに応用できるのか」「いまと昔はどう違うのか」、そして、「これからプログラマーは、どこに向かうのか」を綴ったエッセイです。

　エッセイなので、読んだところで、何かができるわけでもありません。
　言ってしまえば、老人の戯言です。けれども、いまの若いエンジニアは、こうしたつまらないことを知る機会がなかなかなく、それがベテランプログラマーに対するハンディキャップになっているとも思うのです。

　僕の知識は、たいしたものではありませんが、そこそこの年数、この業界に身を置く者として、そろそろ次の世代に、「古くても使える技術・考え方」を伝えなければならない時期に来ていると思います。

　全部が全部、役立つとは言いません。
　本書の内容がひとつでも、皆様の「気づき」や「アイデアの源」になれば、幸いです。

大澤文孝

プログラミングの玉手箱

CONTENTS

第1話

数で制約を乗り越える

ソフトウェアを動かすコンピュータは物理的なものなので、さまざまな制約があります。制約を乗り越えるのは、プログラマーの腕の見せ所です。

1-1 「足りないもの」がたくさん

プログラマーは、「動く」ソフトウェアを作るわけですが、実現には、さまざまな制約を乗り越えなければならないことがあります。

・充分な速度で計算できない「処理能力不足」
・データを保存する場所がない「容量不足」
・転送速度が遅い「帯域不足」

などは、典型的な制約です。

今ではコンピュータの性能が向上したため、制約がとても少なくなりました。しかし、それでも制約がなくなることはありません。

制約にぶつかったとき、どうすればよいのか？
そのアイデアは、制約だらけだった、貧弱なコンピュータ時代の考え方が参考になります。

1-2 処理能力不足をなんとかする

貧弱なコンピュータ時代は、とにかく、処理能力が不足している (計算速度が遅い) わけです。
そこでプログラマー (とくにリアルタイムな処理が求められるゲーム・プログラマー) は、さまざまな工夫をして、この制約を乗り越えてきました。

■「命令」を工夫する

ひとつめは、「命令の工夫」です。

それぞれの命令は実行時間が決まっているので、「より実行時間が短い命令に置き換える」か「命令の数を減らす」ことで、処理にかかる時間を短くします。

「そんな当たり前のこと」と思うかも知れませんが、原理原則は、そんなものです。

とくに初期のコンピュータは、「小数計算」と「掛け算・割り算」が、とても遅かったため、それを避ける工夫がなされました。

たとえば、掛け算を高速化するために足し算の組み合わせに展開することは、よく行われていました。

「2倍」「4倍」「8倍」や「1/2」「1/4」「1/8」など、2の累乗倍の計算は、「ビットシフト」という計算を使って、高速に計算できます。

たとえば、「5倍」する場合は、「4倍したものに元の値を加える」というようにすることで、「5倍」の計算をするよりも、高速に計算できるのです。

同様に、10倍するのであれば、これを「2倍する」もしくは、「8倍したものと2倍したものを加える」というように計算します。

①5倍は、4倍に元の値を加えたもの

$$5x = 4x + x$$

②10倍は、①を2倍したもの

$$10x = 2(4x + x)$$

昔のCPUは、整数の計算しかできませんでした。

小数の計算は、我々が筆算で計算するのと似た方法で、整数の計算を組み合わせて実現していたので、とても遅かったのです。

しばらくすると、浮動小数計算（浮動小数とは、数の大きさに応じて小数点の位置をズラす表現方法。いつも同じ小数点位置で表現する固定小数点と呼ばれる方法に比べて、幅広い数値範囲を表現できるため、コンピュータでは、もっぱらこの表現方法が使われる）をする外付けの補助的なチップが登場しました。**浮動小数点コプロセッサ**」(FPU) です。

FPUは、しばらくするとCPUに内蔵され、そうした外付けのチップを使わなくても、浮動小数点の計算が高速にできるようになりました。

こうした内蔵化の流れは、今の「GPU」の流れに似ているかも知れません。

GPUは高度なグラフィック計算をするのに必要で、もともとはグラフィック・カードに搭載されていたものです。

しかし、今では、一部のCPUにも内蔵され、CPUだけで高度なグラフィック計算ができるようになりました。

■事前に計算しておく

高速化するもうひとつの方法は、「その場で処理しない」というやり方です。

具体的には、「あらかじめ計算した値」をメモリ上に保存しておき、計算が必要になったときには計算せず、その値を参照するようにします。

＊

その昔、いまほどCPUの性能がないのに、「画面が回転するゲーム」が流行った時期があります。

画面を回転するには、三角関数の計算が必要なのですが、当時のCPUは、そうした計算を高速にできませんでした。

そこであらかじめ、sinやcosの結果をメモリに入れておいて、それを参照して使っていました（図1-1）。

※図1-1は分かりやすいよう、小数の値を格納しているように見せていますが、実際は、2の累乗、たとえば、256倍とか65536倍とかした値をもっておいて、掛け算したあと、256や65536で割ることで、小数計算を避ける処理をしていました。

sin(25°)の値

	0	1	2	3	4	5	6	7	8	9
0	0.00000	0.01745	0.03490	0.05234	0.06976	0.08716	0.10453	0.12187	0.13917	0.15643
10	0.17365	0.19081	0.20791	0.22495	0.24192	0.25882	0.27564	0.29237	0.30902	0.32557
20	0.34202	0.35837	0.37461	0.39073	0.40674	0.42262	0.43837	0.45399	0.46947	0.48481
30	0.50000	0.51504	0.52992	0.54464	0.55919	0.57358	0.58779	0.60182	0.61566	0.62932
40	0.64279	0.65606	0.66913	0.68200	0.69466	0.70711	0.71934	0.73135	0.74314	0.75471
50	0.76604	0.77715	0.78801	0.79864	0.80902	0.81915	0.82904	0.83867	0.84805	0.85717
60	0.86603	0.87462	0.88295	0.89101	0.89879	0.90631	0.91355	0.92050	0.92718	0.93358
70	0.93969	0.94552	0.95106	0.95630	0.96126	0.96593	0.97030	0.97437	0.97815	0.98163
80	0.98481	0.98769	0.99027	0.99255	0.99452	0.99619	0.99756	0.99863	0.99939	0.99985
90	1.00000									

図1-1　sinやcosの計算結果をあらかじめもっておく

1-3　古きに学ぶ制約の乗り越え術

　ここまで「昔のPCでは」といったことをお話してきましたが、こうした考え方は、今の環境でも大きく変わりません。

　たとえば、「命令を少なくする」というのは、何も計算に限った話ではありません。
　最近のシステムでは、「データベース」をよく使いますが、十分な性能が出ないことがあります。

　その理由のほとんどは、データベースに対して実行する命令（クエリ）が複雑化してパフォーマンスが落ちていることに起因します。
　ですから、複雑な命令（クエリ）を単純化して、十分な実行速度で実行できるようにするというやり方は、いまでも有効です。

　「計算済みの表を用意しておく」というのもそうです。
　データベース処理において、よく使うデータは、その都度作らず、事前に「処理済みの中間テーブル」を作り、それを参照するだけにするというやり方が、

よく使われます。

　そもそも、「データのキャッシュ」は、そうした考え方のもっともたるものです。

＊

　何かの制約にぶち当たったら、先人は、どうやって解決していたのかを探っていくと、解決の糸口が見えるかも知れません。

1-4　　　いまどきは「数」で勝負

　こうした先人の知恵に学ぶことも多いのですが、それがすべてではありません。

　いまは、時代が違います。なかでも大きな違いは、「質より量」の時代になったことです。

　いまの時代、「高性能なコンピュータ1台」は高価ですが、「低性能なコンピュータをたくさん」は安価です。

　そのため、制約を超えたければ、「数を用意する」という、やや暴力的な解決策があります。

　たとえば、3Dのレンダリングでは、複数のコンピュータによる並列計算で、「台数を増やせば性能が出る」ようになっています。

　インターネットの世界でも、それは同じです。

　インターネットの利用者が多くなった現在、サービスを提供するサーバには、とても大きな負荷がかかります。

　その負荷に耐えるために、「できるだけ高性能なコンピュータを用意する」のは、古い考え方です。

　いまどきの考え方では、「負荷を分散し、台数で勝負する」のです（**図1-2**）。

　こうした考え方をすることは、今後、とても重要になります。

　なぜなら、1台のコンピュータには製造上の限界があるのに対し、複数台で分散すれば、その限界がないからです。

　大量のデータをたくさん捌かなければならなくなった現在、プログラマーは、こうした、負荷分散や並列処理の考え方を身につけることが不可欠です。そうしなければ、今後、制約を乗り越えることが、困難になるでしょう。

1台の高性能サーバーで賄うのは、
高価だし、性能限界がある。

そこそこの性能で並列処理すれば、
1台の高性能サーバーを上回る性能だし
台数の追加に限界もない。

図1-2　数で勝負する

第2話

"それっぽい"対戦リバーシを作る

「リバーシ」や「将棋」「チェス」「囲碁」といったゲームで対戦するプログラムを作るときは、「ミニマックス法」(もしくはそれを改良した「αβ法」)を使ったり、いま流行の「機械学習」や「ディープ・ラーニング」などの手法などを使ったりします。

　こうした手法の基本は、「ゲーム木」と呼ばれる、「現在の手」から「次の手」「さらに次の手」をツリー構造にして盤面を分岐し、「自分がもっとも有利になる手」を選ぶ、という考え方です(図2-1)。

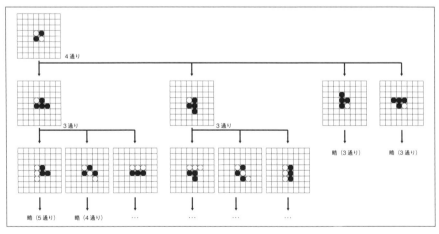

図2-1　ゲーム木

　何手まで先読みするかによって、強さが変わります。
　先読みする手数が増えるほど、選択肢が増えるので、考えるべき手数が増えます。

つまり、強くなるかも知れないぶん、メモリを必要とし、処理時間もかかります。

2-1 "それっぽく"見えればいい

こうしたゲーム木を用いた方法は、きちんとプログラミングすると大変です。

(興味がある人は、工学社から出ている「リバーシのアルゴリズム」や「Java将棋のアルゴリズム」などの本を参考にするとよいでしょう)。

もっと手軽に対戦できるようにする方法はないのか、少し考えてみましょう。

■「リバーシ」の盤面をリストで用意する

たとえば、次のようなリストで盤面を用意するとします。
(ここでは「黒を1」「白を-1」で表現しました。)

```python
ban = np.zeros((8, 8), dtype=int)
ban[3][3] = ban[4][4] = -1
ban[4][3] = ban[3][4] = 1

def viewban(b):
  print("  1 2 3 4 5 6 7 8")
  for y in range(8):
    print(" " + str(y + 1), end="")
    for x in range(8):
      print("○  ●"[b[x, y] + 1],
        end="")
      print("")
```

ban[x, y]で盤面を示しており(0 ≦ x ≦ 7、0 ≦ y ≦ 7)、上記の「viewban関数」で表示すると、リバーシの最初の状態の盤面である、次の出力が得られます。

```
  1 2 3 4 5 6 7 8
1
2
3
4     ○●
```

```
5    ●○
6
7
8
```

■[案1]打てる場所にランダムに打つ

リバーシでは、「必ず、裏返せる場所にしか置けない(置けないときはパスする)」というルールがあります。

ですから、「置ける場所のうちから、ランダムな場所を選択して打つ」というやり方でも、一応、コンピュータ対戦ができます。

たとえば、次のようにします。
ここで「chkput関数」は、その位置に「石を置けるかどうかを示す関数」とします(後掲の**リスト2-1**)。

> ※ここでのxおよびyは、1から8の範囲とし、パスのときは「0,0」を示すものとします。

```python
def computercalc_01(b, n):
  # 打てる場所を探す
  (cx, cy) = (0, 0)
  for x in range(8):
    for y in range(8):
      if chkput(x + 1, y + 1, n, b):
        # 50%の確率でそこを選択
        if (np.random.rand() >= 0.5):
          (cx, cy) = (x + 1, y + 1)
  return (cx, cy)
```

■[案2]四隅をとると勝てる!?

実際に、このアルゴリズムでやってみるとわかりますが、ランダムに選ぶ手法だと、さすがにコンピュータの指す手が、少しバカっぽく見えます。
では、賢くするには、「ミニマックス法」などのアルゴリズムを使わなければならないのでしょうか。

たしかに、そうした方法もありますが、実は、もう少し、手間のかからない方法もあります。

＊

リバーシでは、「四隅を取ると勝てる」という言葉を聞いたことはないでしょうか。

そこで、盤面の場所を重み付けして、「四隅」や「その内側」「縁」などを優先的に選択するようにするのです。

> ※若い頃、知人にリバーシが強い人がいたので、「四隅をとると勝てるのか？」と真偽を聞いたことがあるのですが、必ずしもそうではないとのこと。
> 　実際、その人と対戦し、僕は四隅を取ったけれども負けました。

これは、次のようにします。

```python
# コンピュータの次の手を返す
def computercalc(b, n):
  # 優先順位
  m = [
  [40, 15, 30, 15, 15, 30, 15, 40],
  [15, 15, 20, 15, 15, 20, 15, 15],
  [30, 15, 40, 15, 15, 40, 15, 30],
  [20, 15, 20, 15, 15, 20, 15, 20],
  [20, 15, 20, 15, 15, 20, 15, 20],
  [30, 15, 40, 15, 15, 40, 15, 30],
  [15, 15, 20, 15, 15, 20, 15, 15],
  [40, 15, 30, 15, 15, 30, 15, 40]
  ]

  # 打てる場所を探す
  (cx, cy) = (0, 0)
  val = 0
  for x in range(8):
    for y in range(8):
      if chkput(x + 1, y + 1, n, b):
        # 優先順位を引っ張る
        if (val < m[x][y]) or (val == m[x][y] and np.
random.rand() >= 0.5):
          (cx, cy) = (x + 1, y + 1)
          val = m[x][y]
  return (cx, cy)
```

重み付けは、「m」という配列で用意しました。角やその内側の角を「40」としたり、縁の部分を「20」などにすることで、そこが優先的に選ばれるようにしました。

ちょっとした工夫ですが、これだけのことで、俄然強くなります。

※この「40」や「20」は、筆者が適当に考えた値です。値を調整すれば、より強くも弱くもなるでしょう。

リスト2-1に、実際に対戦できるリバーシを示します。このプログラムは、Jupyter Notebookで動きます（**図2-2**）。

興味がある人は、是非、試してみてください。そして値や条件を変えることで、強さが、どのように変化するのか調べてみてください。

2-2　バレなきゃイカサマも多いにあり

きちんとアルゴリズムを考えて実装すると、そのコードは、とても複雑になります。

ここで提示したアルゴリズムは、「重み付けを用いたランダムなもの」であり、思考のかけらもありません。

でも、案外、それっぽく対戦しているように見えます。

もちろん、リバーシをきちんと作るのが目的であるなら、正当な思考アルゴリズムを実装するのがベターです。

しかし、「ミニゲームとしてリバーシを実装する」とか「テーマパークのなかのアトラクションのゲームとしてリバーシを提供する」といった、リバーシそのものが主目的ではない場合は、そこまで作り込む必要はありません。

それっぽく見えればよいので、工夫して、簡単なコードで実装しましょう。

＊

時には「イカサマ」もアリです。

たとえば、カードゲームや麻雀は、伏せられたカードや牌は見てはいけないわけですが、コンピュータがイカサマして、それをこっそり見ても（データを

視いても)、人間には分かりません。

実際、昔のカードゲームや麻雀ゲームでは、こうしたイカサマが使われることも、よくありました。

当時のコンピュータは、処理能力が低く、正当な方法で思考ルーチンを作るのは難しかったというのもありますが、逆に、こうしたイカサマが、「ありえないコンピュータの強さ」を演出していた面もあります。

プログラミングでは、「人間が見えない部分」や「気づかない部分」を実装する必要はありません。

たとえば、「3次元の描画で見えないところは描かない」「データ集計で参照されないところは計算しない」といった処理割愛は高速化テクニックの基本です。

イカサマも、いわば、それに類したもののひとつ。

「複雑に考えない」「手を抜けるところは抜く」というのは、プログラミングの基本中の基本です。

「それっぽく動くように見せて単純化する」

…ときには、そんな工夫も必要です。

図2-2　オセロで対戦している様子

リスト2-1 リバーシのプログラムの例

```python
import numpy as np

# 盤面配列bを画面表示する
def viewban(b):
    print("  1 2 3 4 5 6 7 8")
    for y in range(8):
        print(" " + str(y + 1), end="")
        for x in range(8):
            print("○ ●"[b[x, y] + 1], end="")
        print("")

# 指定した場所にコマを置く。
# x,y=座標(1〜8。パスのときは両方0)
# n = 1のとき黒、-1のとき白
# b = 盤面配列
def setput(x, y, n, b):
    m = np.zeros((8, 8), dtype=np.bool)

    # パスのときは何もしない
    if x == 0 and y == 0:
        return b

    x = x - 1
    y = y - 1
    # 横
    for i in range(x - 1, -1, -1):
        if b[i, y] == 0:
            break
        if b[i, y] == n:
            m[i:x, y] = True
            break
    for i in range(x + 1, 8):
        if b[i, y] == 0:
            break
        if b[i, y] == n:
            m[x:i, y] = True
            break
    # 縦
    for j in range(y - 1, -1, -1):
```

```python
        if b[x, j] == 0:
            break
        if b[x, j] == n:
            m[x, j:y] = True
            break
    for j in range(y + 1, 8):
        if b[x, j] == 0:
            break
        if b[x, j] == n:
            m[x, y:j] = True
            break
    # 斜め
    (i, j) = (x - 1, y - 1)
    c = 0
    while (i >= 0) and (j >= 0):
        if b[i, j] == 0:
            break
        if b[i, j] == n:
            for k in range(c):
                m[x - 1 - k, y - 1 - k] = True
            break
        c += 1
        i -= 1
        j -= 1

    (i, j) = (x + 1, y + 1)
    c = 0
    while (i < 8) and (j < 8):
        if b[i, j] == 0:
            break
        if b[i, j] == n:
            for k in range(c):
                m[x + 1 + k, y + 1 + k] = True
            break
        c += 1
        i += 1
        j += 1

    (i, j) = (x - 1, y + 1)
    c = 0
    while (i >= 0) and (j < 8):
```

```
        if b[i, j] == 0:
            break
        if b[i, j] == n:
            for k in range(c):
                m[x - 1 - k, y + 1 + k] = True
            break
        c += 1
        i -= 1
        j += 1

    (i, j) = (x + 1, y - 1)
    c = 0
    while (i < 8) and (j >= 0):
        if b[i, j] == 0:
            break
        if b[i, j] == n:
            for k in range(c):
                m[x + 1 + k, y - 1 - k] = True
            break
        c += 1
        i += 1
        j -= 1


    m[x, y] = True
    return np.where(m, n, b)

# 盤面bの座標x, yに、石n (黒=1、白=-1) が置けるかどうかを確認する
def chkput(x, y, n, b):
    # 空白でないなら置けない
    if b[x - 1][y - 1] != 0:
        return False

    # そこに置いてみる
    newban = setput(x, y, n, b)

    # 黒の数
    new_one = np.count_nonzero(newban == 1)
    b_one = np.count_nonzero(b == 1)

    # 白の数
```

```
        new_minus = np.count_nonzero(newban == -1)
        b_minus = np.count_nonzero(b == -1)

        # 操作前と操作後で石の数が同じ(=ひとつもひっくり返せない)なら置け
ない
        if n == 1:
            return not ((new_one == b_one + 1) and (new_minus
== b_minus))
        else:
            return not ((new_one == b_one) and (new_minus ==
b_minus + 1))

# パスできるかどうかを返す
def canpass(n, b):
    for x in range(8):
        for y in range(8):
            if chkput(x + 1, y + 1, n, b):
                return False
    return True


def computercalc_01(b, n):
    # 打てる場所を探す
    (cx, cy) = (0, 0)
    for x in range(8):
        for y in range(8):
            if chkput(x + 1, y + 1, n, b):
                # 優先順位を引っ張る
                # 50%の確率でランダムに打つ場所をきめる
                if (np.random.rand() >= 0.5):
                    (cx, cy) = (x + 1, y + 1)
    return (cx, cy)


# コンピュータの次の手を返す
def computercalc(b, n):
    # 優先順位
    m = [
            [40, 15, 30, 15, 15, 30, 15, 40],
            [15, 15, 20, 15, 15, 20, 15, 15],
            [30, 15, 40, 15, 15, 40, 15, 30],
```

```
            [20, 15, 20, 15, 15, 20, 15, 20],
            [20, 15, 20, 15, 15, 20, 15, 20],
            [30, 15, 40, 15, 15, 40, 15, 30],
            [15, 15, 20, 15, 15, 20, 15, 15],
            [40, 15, 30, 15, 15, 30, 15, 40]
    ]

    # 打てる場所を探す
    (cx, cy) = (0, 0)
    val = 0
    for x in range(8):
        for y in range(8):
            if chkput(x + 1, y + 1, n, b):
                # 優先順位を引っ張る
                if (val < m[x][y]) or (val == m[x][y] and
np.random.rand() >= 0.5):
                    (cx, cy) = (x + 1, y + 1)
                    val = m[x][y]
    return (cx, cy)

# 盤面を作る 0=空、1=黒、-1=白
ban = np.zeros((8, 8), dtype=int)
ban[3][3] = ban[4][4] = -1
ban[4][3] = ban[3][4] = 1

while np.count_nonzero(ban == 0) > 0:
    # 人間の手を入力
    p = False
    while not p:
        viewban(ban)
        human = input("打ちたい場所を「x, y」(xは1~8、yは1~8)の
ようにカンマ区切りで入力。パスのときは0,0")
        if not ',' in human:
            print("書式が正しくありません。カンマ区切りで入力してく
ださい")
            continue
        (x, y) = human.split(',')
        if not (x.isdecimal() and y.isdecimal()):
            print("x,yが整数ではありません")
            continue
        x = int(x)
```

```python
        y = int(y)
        if not ((0 <= x <= 8) and (0 <= y <= 8)):
            print("x,yが0から8の範囲ではありません")
            continue
        if x == 0 and y == 0:
            if not canpass(1, ban):
                print("打てる手があるのでパスできません")
                continue
        if not chkput(x, y, 1, ban):
            print("その場所には置けません")
            continue
        p = True

    # 人間の手を置く
    ban = setput(x, y, 1, ban)

    # コンピュータの手
    (cx, cy) = computercalc(ban, -1)
    ban = setput(cx, cy, -1, ban)

    # 両方パスなら投了
    if x==0 and y==0 and cx==0 and cy==0:
        break

# 勝ち負け表示
kuro = np.count_nonzero(ban == 1)
shiro = np.count_nonzero(ban == -1)

if kuro > shiro:
    msg="あなたの勝ち"
elif kuro < shiro:
    msg="あなたの負け"
else:
    msg="引き分け"

print("黒{0}対白{1}で{2}".format(kuro, shiro, msg))
```

再帰的な考え方を使う

繰り返し処理をして物事を解決するときに役立つのが、「再帰的な考え方」です。うまく適用すると、処理ロジックをとてもシンプルに実装できます。

3-1 物事を小さく単純化する

コンピュータを使ってデータ処理する場合、対象を、ともかく単純に細分化して作成していくのが基本的な考え方です。

たとえば、人物像を3Dグラフィックで表現する場合、そのままの形状では複雑すぎます。

曲線の方程式で表現するのは、ひとつの良い案です。

この方法は、見た目は美しいですが、計算量が大きくなりがちです。

*

別の方法として、「単純な図形の塊」で表現するという方法があります。

たとえば「立方体」「球体」などを組み合わせて表現するのです。

描画することが目的ではなく、体積や面積を求めたいのであれば、こうした単純な方法のほうがうまくいくこともあります。

精度を上げたいのであれば、立方体や球体を、どんどん小さくします。

これは、数学の「微分」のような考え方です。

3-2 再帰的な考え方

数学的な考え方と言えば、「再帰的な考え方」も、コンピュータでは、よく使われます。

これはxを求めるのに、x-1を求める式を使って計算する手法です。

■総和や累乗を求める

具体例として、よく取り上げられるのが、「総和」や「累乗」の計算です。

たとえば1から100までの「総和」を求めたいとします。この場合、すぐ思いつくのは、ループ処理を使って、次のように記述する方法です。

```
x = 0
for i in range(1, 100 + 1):
    x = x + i
print(x)
```

この問題を再帰的に考える場合は、「nまでの総和というのは、nに『n-1までの総和』を加えたものである」という考え方をします。

まず、次のような関数を用意します。

```
def total(n):
    if n != 0:
        # N-1までの総和を加えたもの
        return n + total(n - 1)
    else:
        # 0のときは0
        return 0
```

上記に示した「total」は、「1」から「n」(nは引数として渡します)までの総和を求める関数です。

nが「0」でないときは、「自身の値に、n-1の総和を加えたもの」を結果として返すようにしています。

```
return n + total(n - 1)
```

こうすることで、たとえば、「100」を渡したときは、

・「100」に「99までの総和」を加えたものを計算する

という処理が実行されます。

　すると、この「99までの総和」の計算で、もう一度、total関数が呼び出されるので、

・「99」に「98までの総和」を加えたものを計算する

という処理が実行されます。

　これが、nが0になるまで繰り返されて実行されていくわけです（図3-1）。

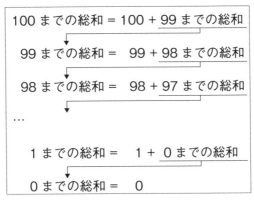

図3-1　再帰的に総和を求める

3-3　ひとつ前の状態を定義する

　再帰呼び出しの考え方は、「ひとつ手前の状態を利用する」ということです。この観点から、再帰的な考え方を、もう少し深く見ていきます。

■ハノイの塔

　再帰呼び出しの応用例として、よく持ち出されるのが「ハノイの塔」です。

　3つの棒があり、その一番左の棒に、大きさの異なるn枚の円盤が、大きいものが下になるように刺さっています。

これを一番右に移動することを考えます。

このとき円盤の上には、それよりも大きな円盤を乗せられないという制約があります。

この移動の最小手順を求めるのが「ハノイの塔」の問題です（図3-2）。

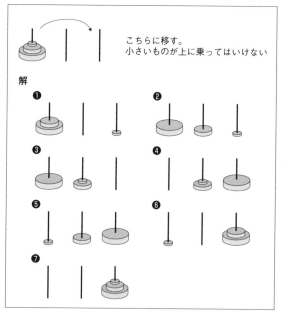

図3-2　ハノイの塔の例（n=3のとき）

■再帰的な考え方で解く

この問題を解くポイントは、「最終形の前の段階は、どんな状態なのか」を考えることです。

わかりやすくするために、棒を左から順に「A、B、C」と命名します。

「n枚」の円盤がAに刺さっているとき、これをCに移動するためには、

①n-1枚の分をAからBに移動
②nをAからCに移動
③Bに存在するn-1枚の分（①の部分のこと）をCに移動

と、いう手順に分割できます。

この手順で、「n-1枚の分を移動する」というように定義しているのがポイントです。

こう定義することによって、「n枚移動する」ということを「n-1枚移動する」というように「ひとつ前の状態」を定義することになり、再帰的に表現できるのです。

具体的には、リスト3-1のように記述できます。
実行結果は次の通りで、図3-2と合致しています。

```
AをCに移動
AをBに移動
CをBに移動
AをCに移動
BをAに移動
BをCに移動
AをCに移動
```

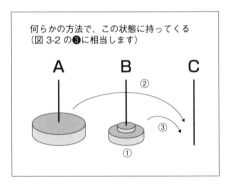

図3-3　ハノイの塔を再帰的に解く

リスト3-1　ハノイの塔の解法のプログラム

```python
def hanoi(n, f, t, w):
    if n == 0:
        return
    # ①n-1枚の分をAからBに移動
    hanoi(n - 1, f, w, t)
    # ②aをcに移動
    print(f + "を" + t + "に移動")
```

```
    # ③n-1枚の分をBからCに移動
    hanoi(n - 1, w, t, f)

hanoi(3, "A", "C", "B")
```

3-4　「再帰呼び出し」を実務で使う場面

　こうした再帰的な呼び出しは、アルゴリズムの基本なのですが、苦手な人もいるようです。

　そして、実務ではあまり使われないのではと考える人もいるようです。

　しかし、実際には、「再帰呼び出し」が使える場面が意外とあり、使わないのはもったいありません。

　たしかにハノイの塔は、パズル的な要素が強く、「現実のプログラミング」では、あまり使えないような気がします。

　しかし実際には、結構な頻度で、再帰呼び出しのプログラムが使われます。

　具体的には、「親子関係があるもの」や「大きなものを、相似的に小さく分割できるもの」に使われます。

　どちらの場合も、分割したときの構造が「自分と同じ構造をしていること」に着目します。

　たとえば次のような処理です。

①サブフォルダも含めたファイル一覧を表示する

　サブフォルダを含んだファイル一覧を取得する場面です。

　ファイル一覧を取得し、そこにフォルダが含まれているなら、そのフォルダに対してさらにファイル一覧を取得するというように、再帰的に処理して実現します。

②Webサイトからの全ページのダウンロード(スクレイピング

　Webサイトから全ページをダウンロードするときにも、再帰呼び出しが使われます。

　まずトップとなるページ（たとえばindex.html）をダウンロードし、そこに含まれるリンク（<a href="URL">）を探します。

　そのリンク先に対して、さらに再帰的なダウンロード処理していくことで、リンクされている全ページを取得できます。

　注意したいのは、終了条件です。
　リンク先が循環して戻ってくることもあるので、一度ダウンロードしたページは、処理をスキップするようにしないと、延々とダウンロードし続けてしまいます。

＊

　再帰は、うまく使えば、プログラムが短く単純になります。
　応用できることも多いので、是非、再帰の考え方を身につけてください。

## 第4話

処理の最適化

現在のコンピュータは、処理速度が充分に速いため、「速度が遅い」と感じることは少なくなりました。

しかし、業務では、「10万件の処理をするのに8時間かかる」とか「100万件の処理に1日かかる」といったことは、珍しくありません。

いくらコンピュータの処理速度が高速になっても、数が多ければ、それなりの時間を要するのは、いまも昔も変わりません。
塵も積もれば、山となるのです。

4-1 | 「ちょっとの時間削減」が大きな効果を上げる

処理件数が多いケースでは、1件の当たりのわずかの処理速度の向上が、全体の処理時間を大きく縮めます。

たとえば、「10万件」のデータを処理する場合、1件の処理を0.1秒縮めるだけで、「0.1×10万＝1万秒 ≒ 2.7時間」も処理時間が縮まります。

この考え方から分かる通り、「繰り返し何度も実行されるところ」を重点的にチューニングすると、その結果は大きなものとなります。

4-2　　高速化のさまざまな手法

高速化には、さまざまな手法があります。

■コンピュータの性能を上げる

プログラマーは何もせず、「コンピュータの能力」を向上させるのも、ひとつの方法です。

たとえば、処理結果をHDDに書き出しているのであれば、それを「SSD」に変更するという解決策は、簡単かつ確実に処理速度を上げられる方法です。

■キャッシュする

HDDやSSDからのデータの読み込みに時間がかかっているなら、それをメモリに「キャッシュ」する方法もあります。

データベースからデータを読み取り、それを何度も使うときは、「memcached」などの「キー・バリューストア型」のデータベースにいったんキャッシュします。

■何度も同じ処理をしない

また、データベースがらみで言えば、「データベースに接続したり切断したりする」のは、コネクションを用意したり認証したりする処理が必要なため、時間がかかります。

そのため、接続しっぱなしのものをいくつか用意して再利用する「コネクション・プーリング」という手法も、よく使われます。

■並列化して待ち時間にも処理する

もし処理中にネットワーク通信をするのであれば、「並列処理」で高速化が図れるケースもあります。

ネットワーク通信では、通信がつながってやり取りする「待ち時間」が必要です。

並列に処理することによって、待ち時間中も別の処理ができるように構成すれば、全体の時間が縮まります。

*

いずれの手法をとる場合でも、ハードウェアの性能向上以外に、我々がとれ

る手段は、「処理を省く」ということしかありません。

　パフォーマンス・チューニングとは、「しなくてよい処理をしないようにプログラムを書き直す」ことにほかなりません。

4-3　　画像処理の高速化

　「業務システムを開発するわけではないから、件数が多い処理はしない、僕には関係ない話だ」と人もいるかも知れません。
　しかし、こうした「件数が多いケース」というのは、何も業務システムに限った話ではなく、一般的なプログラムにも当てはまります。

　たとえば、「画像」は画素の集まりです。
　仮に1024×768ドットで構成される画像であれば、この画像を点として扱って全部処理するには、1024×768＝786,432個の点を処理しなければなりません。

　画像処理では、10万や100万を超える繰り返し処理は、珍しくありません。

■画像を「グレースケール」にして、1次元配列にする

　一例として、画像を「グレースケール」にして、1次元の配列に変換する処理を考えます。
　グレースケールへの変換方法は、いくつかありますが、次の変換式を使うことにします。

```
V = 0.30R + 0.59G + 0.11B
(V はモノクロの濃度、R=赤、G=緑、B=青の濃度)
```

　この式は、「標準テレビジョン放送(アナログ放送)」で使われる計算式です。
　変換後は、1次元の配列に格納することにします。

　こうした処理をするサンプル・プログラムを**リスト4-1**に示します。
　リスト4-1を実行するには、前もって、次のようにして画像を読み込んでおきます。

```
from PIL import Image
img = Image.open('example.png')
```

リスト4-1は、Jupyter Notebookでの実行を想定しており、先頭に「%%timeit」というコマンドを入れています。

このコマンドは、実行速度を計測するもので、たとえば、次のように出力されます。

```
185 ms ± 1.13 ms per loop (mean ± std. dev. of 7 runs, 10
loops each)
```

リスト4-1　グレースケールの1次元の配列に変換する例

```
%%timeit
buf = np.empty((img.size[0] * img.size[1]), dtype="int8")
for y in range(img.size[1]):
    d = 0
    cnt = 0
    for x in range(img.size[0]):
        (r, g, b) = img.getpixel((x, y))
        v = int(0.30 * r + 0.59 * g + 0.11 * b)
        buf[y * img.size[0] + x] = v
```

■無駄な計算をやめる

リスト4-1はチューニングしているわけではないので、いくつかの無駄な計算があります。

たとえば、次の処理は、少し無駄です。

```
buf[y * img.size[0] + x] = v
```

リスト4-1では、xとyでループで回しています。そのため上記の、

```
y * img.size[0] + x
```

の部分は、「0、1、2、…」のように、1ずつ増えるだけです。わざわざ1回ずつ掛け算で求める必要はありません。

そこで、リスト4-2のように書き換えます。「cnt」という変数を使って、1ず

つ増やすことで、掛け算を省きました。

　すると、筆者の環境では、次のように「20ミリ秒」ほど、速くなりました。

```
162 ms ± 1.81 ms per loop (mean ± std. dev. of 7 runs, 10
loops each)
```

リスト4-2　高速化した例

```
%%timeit
buf = np.empty((img.size[0] * img.size[1]), dtype="int8")
cnt = 0
for y in range(img.size[1]):
    d = 0
    cnt = 0
    for x in range(img.size[0]):
        (r, g, b) = img.getpixel((x, y))
        v = int(0.30 * r + 0.59 * g + 0.11 * b)
        buf[cnt] = v
        cnt = cnt + 1
```

4-4　ループから外に追い出す

　このように、ループ中の掛け算をやめるだけで速くなるのがチューニングの
醍醐味です。

　画像サイズが大きければループの回数が多くなるので、より高速化に貢献す
るはずです。

＊

　プログラムの高速化は、「できるだけ処理をしないこと」に尽きます。
　実際、プログラムを見直すと、「ループのなかで同じ計算を何度もやってい
る場面」というのは、意外とあります。

　そうした処理をループの外で計算して、ループ内では、参照して使うように
するだけでも、劇的に高速化できるはずです。

4-5 事前にやっておく

また、「事前にやっておく」ということも高速化の秘訣です。

よく使うデータの書式は、あらかじめ加工しておくなどは有効な方法です。

＊

たとえば、請求書を何万部も印刷しなければならないケースを考えます。

このとき、請求書を作るたびに、「自社の住所や名前」などをデータベースからいちいち引っ張ってくるようにしたりしていませんか？

そこまでひどいことはしていなくても、改行の処理とかフォントの設定とかをループのたびにしていないでしょうか。

多く印刷するのであれば、「自社の情報」など、「全請求書で共通の部分」は、ループの前に作っておき、それを差し込むだけにするといった「小さな違い」が全体では大きく響いてきます。

4-6 実務ではお客さんを待たせないことも大事

また、実務では、お客さんを待たせないために、前もって処理しておくこともあります。

たとえば、お店のレジの「レシート」の印刷機構において、一部のレジの機種では、**「お店のロゴを前もって印刷しておく」**という工夫がされています。

実は、お店のロゴの部分は、ビットマップ画像の印刷で、データ量が多いため、時間がかかる部分のひとつなのです。

そのため、「前のレシートを印刷したら、（レシートをカットする命令を出した後に）、引き続き、次のレシートのお店のロゴも印刷する」ようにしているのです。

4-7 小数計算が遅さの原因

　また小数計算が遅さの原因になることがあります。

　最近ではCPUの処理能力が向上し、小数の計算をしても、さほど遅くはありませんが、それでも、何十万、何百万のループをすれば、それは響いてきます。

　たとえば、**リスト4-1**や**リスト4-2**の例では、

```
v = int(0.30 * r + 0.59 * g + 0.11 * b)
```

のようにしていますが、これを、次のように整数の計算にすると、もっと速くできます。

```
v = ((3 * r) + (6 * g) + (1 * b)) // 10
```

　昔は、小数の計算が遅かったので、ほとんどの計算を整数だけで処理するものが考案されました。

　次は、そうした「古典的な整数アルゴリズム」について、話します。

事前の準備と整数化

昔はコンピュータの性能が低かったため、人間が事前に数式を変形することで、計算を単純化する工夫がなされました。
ここでは、そんなアルゴリズムを紹介します。

5-1　　直線を描く

唐突ですが、皆さん、「直線を描く」ときに、どうしていますか？

今は、ライブラリで提供されている「drawLine」などのAPIやメソッドを使いますが、昔は「点を打つ機能」しかなかったので、「直線の方程式」を使って、線を描画していました。

今回は、直線の描画に焦点を当てます。

※「点を打つ機能」というよりも、VRAMのビットを操作して描くため、厳密には、さらに「ビットシフト演算」なども絡むのですが、そこまでは踏み込みません。

■直線の方程式

点を描画する機能しかないとき、直線を描くには、どうすればよいでしょうか。

すぐ思いつく方法が、中学校で習う「**直線の方程式**」を使う方法です。
異なる2点(x_1, y_1)、(x_2, y_2)を通る直線の方程式は、次の通りです。

【$x_1 \neq x_2$のとき】

$$y - y_1 = \frac{(y_2 - y_1)}{(x_2 - x_1)(x - x_1)}$$

移項して、

$$y = \frac{(y_2 - y_1)}{(x_2 - x_1)(x - x_1)} + y_1$$

【$x_1 = x_2$のとき】

$$x = x_1$$

この式を使って、直線を描画するプログラムを、**リスト5-1**に示します。

「NumPy」を使って配列を用意し、forループで実際にxの値をx_1からx_2まで動かしながらyの値を求め、そこに「255」という値を設定する愚直なプログラムです。

リスト5-1 直線の方程式で線を描画する

```python
import cv2
import numpy as np
import matplotlib.pyplot as plt
import random

%matplotlib inline

def drawLine(c, x1, y1, x2, y2):
    if x1 != x2:
        for x in range(x1, x2):
            y = int((y2 - y1) / (x2 - x1) * (x - x1)) + y1
            c[y][x] = 255
    else:
        for y in range(y1, y2):
            c[y][x1] = 255

canvas = np.zeros(shape=(600, 600), dtype=np.int16)
```

■速度の計測

これをリスト5-2のように、ランダムな座標に対して1万回実行する処理を「%%timeit」で時間計測します。

著者の環境では、次のようになりました。

```
638 ms ± 16.7 ms per loop (mean ± std. dev. of 7 runs, 1
loop each)
```

※「%%timeit」はデフォルトで100万回実行するので、ここで表示されているのは1万×100万回の実行速度です。

リスト5-2　時間を計測する

```
%%timeit

for i in range(10000):
    (x1, y1) = (random.randint(0, 599), random.randint(0,
599))
    (x2, y2) = (random.randint(0, 599), random.randint(0,
599))
    drawLine(canvas, x1, y1, x2, y2)
```

■都度割り算しない

処理を高速にする方法は、前回も説明したように、無駄を省くことです。リスト5-1では、次の部分に無駄があります。

```
y = int((y2 - y1) / (x2 - x1) * (x - x1)) + y1
```

ここで計算している「(y2 - y1) / (x2 - x1)」は、ループ処理の間、値が変わらないため、この部分を先に計算します。(リスト5-3)

再度、実行すると、少し速くなりました。

```
582 ms ± 101 ms per loop (mean ± std. dev. of 7 runs, 1
loop each)
```

41

リスト5-3　(y2-y1)/(x2-x1)を先に計算する

```
def drawLine(c, x1, y1, x2, y2):
    if x1 != x2:
        d = (y2 - y1) / (x2 - x1)
        for x in range(x1, x2):
            y = int(d * (x - x1)) + y1
            c[y][x] = 255
    else:
…略…
```

5-2　整数計算で高速化する「ブレゼンハムのアルゴリズム」

これを、もっと高速化することを考えます。遅くなっているのは、「小数計算」です。

yの式を見てみると、

```
y = int(d * (x - x1)) + y1
```

と、計算のたびに、dに$(x - x_1)$の値を掛けています。

この処理を、うまく処理して高速化していくのが、「ブレゼンハムのアルゴリズム」です。

■yの値を1ずつ増やすタイミングを調整する

「ブレゼンハムのアルゴリズム」の基本的な考え方は、「y座標(もしくはx座標)が変わるタイミングを考えること」です。

ここでは、話を簡単にするため、

```
d = (y2 - y1) / (x2 - x1)
```

の値が、1以下である場合(角度で言うと45°以下)であることを考えます。

＊

分かりやすくするため、具体例を挙げます。

$(0,0)$から$(50,30)$までの直線を引くと、dは、

```
d = (30 - 0) / (50 - 0) = 0.6
```

です。

下のループでは、xが"1"ずつ増えていきます。

```
for x in range(x1, x2):
    y = int(d * (x - x1)) + y1
    c[y][x] = 255
```

　ということは、ループのたびに、yに"0.6"が足されていくということになります。

　yは整数値なので切り上げられ、

$$y = 0.0 \rightarrow 0$$
$$y = 0.6 \rightarrow 0$$
$$y = 1.2 \rightarrow 1$$
$$y = 1.3 \rightarrow 1$$
$$y = 2.4 \rightarrow 2$$

のように増えていきます。

　そのため、この差分だけ計算しておいて、「1を超えたかどうか」で比較してyを1増やすかどうかを決めていけます。
　つまり、次のように書けます。

```
if x1 != x2:
    d = (y2 - y1) / (x2 - x1)
    s = 0
    y = y1
    for x in range(x1, x2):
        s = s + d
        if s > 1.0:
            s = s - 1.0
            y = y + 1
        c[y][x] = 255
```

5-3　　　　　　　　　整数化する

こう書くことで、yの計算が、「比較して、yに1を加える」という処理だけになりました。

ここでdとsの処理をもう少し考えます。

dとsは次のようにしています。

```
d = (y2 - y1) / (x2 - x1)
s = 0
```

ループの中では、sにdを足しており、1.0と比較しています。

```
s = s + d
if s > 1.0:
    s = s - 1.0
    y = y + 1
```

この処理全体を$(x_2 - x_1)$倍します。すると、整数として処理できます。

これが「ブレゼンハムのアルゴリズム」です(**リスト5-4**)。

リスト5-4では、「y2 - y1」と「x2 - x1」のどちらが大きいか、つまり、X軸方向の勾配とY軸方向の勾配のどちらが大きいかによって、XとYのどちらでループするかを分けています。

このプログラムの処理速度は、次のようになりました。

```
562 ms ± 15.2 ms per loop (mean ± std. dev. of 7 runs, 1
loop each)
```

リスト5-4　ブレゼンハムのアルゴリズム

```python
def drawLine(c, x1, y1, x2, y2):
    if y2 - y1 < x2 - x1:
        d = y2 - y1
        s = 0
        y = y1
        for x in range(x1, x2):
            s = s + d
            if s > x2 - x1:
                s = s - (x2 - x1)
                y = y + 1
```

```
            c[y][x] = 255
    else:
        d = x2 - x1
        s = 0
        x = x1
        for y in range(y1, y2):
            s = s + d
            if s > y2 - y1:
                s = s - (y2 - y1)
                x = x + 1
            c[y][x] = 255
```

※リスト5-4は、まだ少し無駄があります。
　x2 - x1 や y2 - y1 の計算を前もってやっておくと、もう少し速くなります。

5-4 「事前に式を変更する」という考え方

　結果だけ見ると、今のCPUは充分に速いのと、整数の計算と小数の計算の速度差があまりないため、そこまで大きな差にはなりませんでした。

　しかし、こうした「移項」「整数倍する」「ループで計算するときに差分だけを計算する」という考え方は、充分なCPU性能がない組み込みのマイコンなどはもちろん、近年ではビッグデータなどの多数のデータを扱う場合でも、こうした「事前の工夫」次第で、大きく処理速度やメモリの使用効率が変わることがあります。

*

　「ブレゼンハムのアルゴリズム」は、直線を引く以外にも応用できます。
　このアルゴリズムで計算しているのは、「xがn倍されるときのyの値」を求めるものであり、「拡大や縮小」「データの間引き処理」など、比例関係がある計算を高速化したいときに役立つはずです。

大規模システムに不可欠な並列処理

近年では、インターネットの利用者が爆発的に増えたため、負荷分散を考えていないシステムでは、すぐに捌ききれなくなります。

ここでは、負荷分散に不可欠な並列処理の考え方について解説します。

6-1　システムがパンクする原因

この頃、予約システムなどで、アクセスが殺到し、システムがパンクするニュースを耳にする機会が増えてきています。

これは単純に、サーバの能力が足りないだけではなく、設計やプログラムの作りに起因する部分もあります。

そのため、高性能なサーバにアップグレードするだけでは解決しません。

■「ボトルネック」となる場所

予約システムを簡略化した構成を、**図6-1**に示します。

図6-1から分かるように、ボトルネックとなる場所は、3カ所あります。

①ネットワーク

予約サービスを提供するサーバに接続するための「ネットワーク回線」です。

最近は、大規模なシステムには「AWS」や「GCP」「Azure」のようなクラウドを使うことが多く、ネットワークの帯域が足りないことが問題になることは少ないです。

そのため、今回は、この問題は考えません。

②サーバの負荷

「サーバ」の負荷です。

サーバ上で予約サービスを提供しているプログラムが動いているわけですが、サーバの処理能力を超えると、それ以上、要求を受け付けることができなくなり、システムの応答が悪くなる、さらには、システムがダウンすることがあります。

③データベースの負荷

予約情報などのデータは、「データベース」に保存するのが一般的です。

データベースの性能以上のアクセスが殺到すると、システムの応答が悪くなったり、それ以上の処理を受け付けられなくなったりします。

6-2　サーバを複数台に分ける

まずは、②の解決策を考えます。

サーバの負荷が高まっているのであれば、「高性能なサーバに交換する」という手が、まず考えられますが、たいていの場合、うまくいきません。

1台のサーバには、物理的な限界があります。いくらお金を出しても、1台のサーバで何十万ものアクセスを捌くのは無理です。

■サーバの台数を増やす

そこで、負荷対策として一般的なのは、「サーバの台数を増やすこと」です。

スーパーのレジが混んできたとき、別のレジ開いて、混雑を緩和するのと同じで、複数台で並列して処理を流すようにします。

ネットワークの構成としては、処理を振り分けるために、「**ロードバランサー(Load Balancer：略してLB)**」と呼ばれる、ネットワーク機器を使います。

ロードバランサーは、クライアントからの要求を、適切なサーバへと振り分けます。

こうして、配下のサーバに対して、処理を適切に分散することを「**負荷分散**」と言います。

■負荷分散に対応したプログラムが必要

　それなら、「性能が追いつかなくなったら、ロードバランサーを入れて、複数台の構成にすればいいのか」と思うかも知れませんが、そう単純な話では、ありません。

　プログラムが、こうした分散処理に対応するように作る必要があり、そうしないと、予期せぬことがおきます。

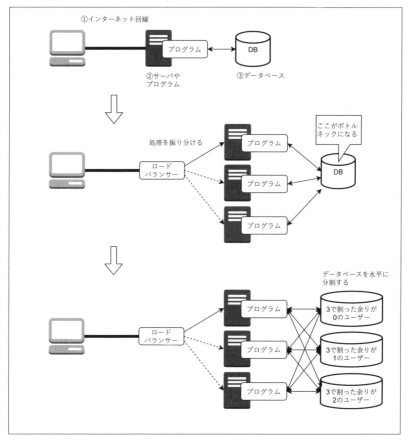

図6-1　予約システムの構成例

　具体的に言うと、「それぞれのサーバに、ユーザーのデータを保存するような構造」は、ダメです。

　たとえば、予約のページが「2ページに分かれている」ようなケースを考えます。
　「1ページ目で氏名」「2ページ目で住所や電話番号」を入力するような入力
フォームを想定してください。
　プログラムでは、「1ページ目で保存しておいた内容を、2ページ目で参照す
る」という作りにすると、うまくいかないことがあります。

　これは少し考えれば分かります。
　ユーザーが最初のアクセスでは、ロードバランサーによって、Aというサー
バに誘導されて、1ページ目を入力したとします。
　次のアクセスでは、Bというサーバに誘導された場合、1ページ目に入力し
たデータは、サーバAにあるので、参照できません(図6-2)。

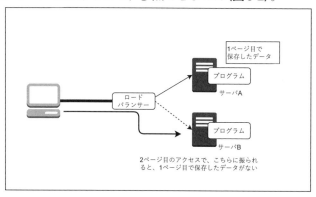

図6-2　負荷分散がうまくいかないケース

■データは分けて管理する

　こうしたことがないようにするには、主に、2つの方法があります。

---

①最初にアクセスしたサーバに振り分ける

　1つめの方法は、ユーザーのアクセスを識別し、初回にAのサーバにアクセ
スしたなら、次回以降も、ずっとサーバAに振り分けるように構成する方法で
す。
　これはロードバランサーにおいて、ユーザーを識別するIDを「Cookie情報」
として追跡することなどで対応できます。

②データをサーバに入れない

　もう1つの方法は、データをサーバに入れず、ほかの共通領域、たとえば、「共有フォルダ」や「データベース」などに格納して、どのサーバからも、同じデータがアクセスできるようにする方法です。

　①はプログラムの改良があまり必要ありませんが、「サーバAに振られたユーザーは、ずっとサーバAに振られっぱなし」なので、何らかの理由でサーバAの処理速度が極端に低下したとき、そこのユーザーが不利益を被ります。

　②は「共有データを置く場所」を設計の段階から考慮する必要があるので、プログラムの開発が難しくなります。

　反面、性能も自由度も高いものとなります。

■大規模システムは小規模の延長ではない

　ここからわかるように、ある程度の規模のシステムを作るときは、「小規模なものを作って、動くのを確認してから、それをチューンナップして大規模対応にしていこう」というのではダメだということです。

　設計の段階から考えないと、「実際にやってみたけど、性能が出ない」では、遅すぎるのです。

　実際、「開発者数人でテストする」「データベースにも、多くても数百人ぐらいのデータしかない」という環境でテストして、いざ、数万人のユーザーで本番を迎えたときに、どうにもならないとなってしまうケースは、数多くあります。

6-3　データベースは水平に分割する

　最後に図6-1の③の対処です。

　サーバを分けても、最終的に保存するデータベースが1つだと、そこにアクセスが集中するので、性能が劣化します。

　そこで性能を向上するために、データベースも複数台、構成します。

■複製で対応する

　ひとつの方法は、「レプリカ」と呼ばれる複製を作って、そこにアクセスする方法です。

　これは、「参照」はよいのですが、「書き込み」の場合は、全部の複製に、その書き込みを反映する必要があり、性能が落ちます。

■水平に分割する

　もうひとつの方法は「シャーディング」と呼ばれる方法です。

　これは「水平分割」とも呼ばれ、「特定の範囲のデータを別のデータベースに切り分ける」という手法です。

　たとえばユーザーを管理するデータベースを3台に分けるのであれば、「ユーザーIDを3で割った余りが0」「ユーザーIDを3で割った余りが1」「ユーザーIDを3で割った余りが2」というように分けます。

　そうすれば、ユーザーの書き換えが発生するのは、「そのデータベースだけ」なので、他のデータベースに反映させる必要がなく、パフォーマンスが劣化しません。

6-4　「並列処理」がキーワード

　今回はコードではなく、設計の概念について説明しましたが、ここで言いたいのは、「並列処理」がキーワードであるということです。

　近年は、「PCで扱うデータが巨大になってきていること」「CPUがマルチコア対応になっていること」から、並列処理は、かなり効果的で、従来は考えら

れなかった速度で、データ処理ができるようになってきています。

　実際、機械学習で大量のデータを取り扱えるのも、並列処理のおかげです。

　実は、こうした理由から、最近では、「forループでひとつひとつデータを取り出して、処理する愚直な処理」は、「よくないプログラム」に分類されることさえあります。

*

　次は、こうした「愚直なループ処理」について触れていきます。

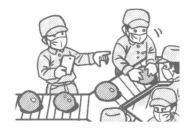

第7話

愚かなループ

配列などの一連のデータは、forなどで繰り返し処理するのが定石。

というのは昔の話。いまは並列処理できるため、ライブラリなどにバッと渡して、結果をもらうほうが効率的なこともあります。

7-1 「条件判定」と「ループ」がプログラミングの基礎と言うけれど……

「プログラミングの基礎は、"条件判定"と"ループ"」だと、よく言われ、実際、プログラミングを勉強するときも、こうした要素が出てきます。

しかし、いまどきのプログラミングでは、「愚直なループ」は、賢くないかもしれません。

■すべての処理を1つのCPUがしているわけではない

その理由は、今では1つのCPUがすべてを処理するわけではなく、分散して全体を作る仕組みになってきたことが挙げられます。

機械学習では、その傾向がとくに顕著です。

「データを繰り返し1つずつ処理する」よりも、「処理したいデータを投げて、その結果を得る」というやり方をしたほうがプログラムも簡単になりますし、処理速度も向上します。

その理由は、「特化したライブラリの登場」と「GPUの存在」にあります。

■さまざまな配列データ処理

一例を挙げます。

10万個の配列に、1〜10までのランダムなデータを入れ、3以上ものがいくつあるかを数えるという例を考えます。

> ※こうした処理は、メモリに入れずに数だけ数えるのが適切です。
> しかし、ここではランダムなデータに重きを置くわけではなく、「何かしらの既存のデータから、特定の条件に合うものを抽出したいとき」を想定しています。

ここでは、3つの異なる実装方法で作りました (**リスト7-1〜リスト7-3**)。

①リスト7-1　標準Python

標準的な Python のプログラムです。

「配列」(リスト)を使って、ループ処理しています。

②リスト7-2　NumPyとループ

配列の大量処理が得意な「NumPy ライブラリ」を使ったものです。

全体の構造は①と同じで、ループ処理しています。

③リスト7-3　NumPyに任せる(ループしない)

同じく「NumPy」を使ったものですが、Python 側でループ処理せずに、NumPy 内蔵の「ランダム関数」や「抽出関数」を用い、ループを避けました。

■NumPy任せがいちばん速い

これら3つのプログラムを、次のように、それぞれ100回実行したときの平均実行速度を測りました。

```
import timeit
loop = 100
result = timeit.timeit('test()',
  globals=globals(), number=loop)
print(result / loop)
```

筆者の環境では、次の結果となりました。

①標準Python	0.070564022秒
②NumPyとループ	0.201519258秒
③NumPyに任せる	0.001655359秒

　この結果から、「NumPyに任せる」のが、もっとも速い (圧倒的に速い) ことが分かります。
　自分でループ処理するよりも、ライブラリに全部任せるのが、いちばん速いのです。

　それは、NumPyが、
(a)「行列計算」に特化したライブラリである
(b)計算内容によっては「並列」で処理する
ことが、その理由です。

　いまの時代、「1つずつ愚直にループ処理する」のは愚策なわけです。

■それらしい書き方が大事
　①～③の例では、とくに②がとても遅くなっている点に着目してください。

　NumPyは高速に配列 (行列) の演算ができるライブラリであるがゆえ、機械学習などでよく用いられていますが、「forループ」で1つずつ処理するように書いてしまうと、その性能が台無しになります。

　NumPyを使うなら、「NumPyらしい書き方」をすることが、とても重要です。

　最近では、「NumPyに関する書籍」が出回っていますが、こうした書籍が必要なのは、「NumPyらしい書き方」があるからです。
　NumPyを使うのであれば、その"郷に従った書き方"を習得しなければなりません。

リスト7-1　標準Python

```python
import random

def test():
  m = 100000

  ## 1. ランダムな値の生成
  data = []
  for i in range(m):
    data.append(
      random.randint(1, 10))
  ## 2. 3以上の数を数える
  c = 0
  for i in range(m):
    if data[i] >= 3:
      c = c + 1
  return c
```

リスト7-2　NumPyとループ

```python
import numpy as np

def test():
  m = 100000

  ## 1. ランダムな値の作成
  data = np.empty(
    m, dtype=np.int32)
  for i in range(m):
    data[i] = np.random.randint(
      1, 10, dtype=np.int32)

  ## 2. 3以上の数を数える
  c = 0
  for i in range(m):
    if data[i] >= 3:
      c = c + 1
  return c
```

リスト7-3 NumPyに任せる

```python
import numpy as np

def test():
  m = 100000

  ## 1. ランダムな値の作成
  data = np.random.randint(
    1, 10, (m), dtype=np.int32)
  ## 2. 3以上の数を数える
  c = np.count_nonzero(data >= 3)
  return c
```

7-2 大量データはGPUに任せる

より高速に処理するには、「GPU」を使う方法があります。

そのためのライブラリが、「**CuPy**」(https://github.com/cupy/cupy) です。
「GPU搭載のPC」では、こちらを使うことで、さらに高速化できます。

■NumPyの代わりにCuPyを使う

「CuPy」は、NumPyと互換性をもつように作られているため、(まだCuPy
に実装されていない機能を除けば)、次のようにimportするものを変えるだけ
で差し替えられます。

```python
import numpy as np
```

⬇

```python
import cupy as np
```

実際に、リスト7-3を差し替えて実行すると、

④「GPU」を使う 0.018193125秒

と、なり、GPUを使わないより劣化しています。

■GPUは、件数が多いほど効果あり

しかし、これは「10万件」だからです。

```
m = 10000000
```

のように、「1000万件」にして再度速度を確認すると、

③NumPyに任せる　　　0.162912886秒
④GPUを使う　　　　　0.029063154秒

と、逆転します。

このように、大量のデータの場合は、何でも「CPU」で処理させようとせず、「GPU」に任せたほうがよいことが分かります。

こうしたことからも、もう、「CPUで全部やる」「愚直にループ処理する」という時代ではないのです。

7-3　　データベースとビッグデータ

例として、NumPyを挙げましたが、「業務システム」などの実装でも、起こりうる話です。

①データベース処理

業務システムでは、データの保存に「データベース」を使うことも多いと思います。

値を取り出すときは、「SELECT文」を使うことでしょう。

このとき「WHERE句で、取り出すデータの条件を指定する」のが基本です。

```
SELECT * FROM items
  WHERE price > 10000;
```

上記の文は、「price > 10000」という条件を指定して取り出す処理を、データベースに委ねています。

一方で、「WHERE句」を指定せず、「全部取り出す」という処理をして、プログラムの中で、「if文」で1つずつ確認して抜き出すこともできます。

```
cur = mydb.cursor()
cur.execute(
  "SELECT * FROM products")
for data in cur.fetchall():
  if data['price'] > 10000:
    …10000以上のとき…
```

しかし、この書き方は、パフォーマンスを一気に劣化させます。

データベースは、条件付の「検索」や「抽出」のパフォーマンスがチューニングされているため、その処理にかかる時間が大きく違います。

そのため、データベースに任せるのが筋です。

※このときデータベースの適切なカラムに検索・抽出しやすいようなインデックスを構成しているかどうかも高速化のポイントです。

「数千件」ぐらいのレコードだと、こうしたループ処理のプログラムでも、そこそこの速度で動いてしまうため、小規模なプログラムでは性能差に気づくことが少ないのも事実です。

しかし、「万」を超えるレコード数になると、大きく性能が劣化するのが分かります。

②ビッグデータの処理

近年では、数十万件の「ビッグデータ」を扱うことも多くなり、「愚直なループ」では処理しきれないことも増えました。

そこで近年では、Googleの「BigQuery」のようなビッグデータ処理に特化したサービスに投げ、処理してしまうことがほとんどです。

7-4　　データを「塊」として見る

　今回の結果からわかるように、「特化したライブラリ」「GPU」「データベース」「クラウドサービス」など、データ処理を効率化したものに、もはや愚直なループは勝てません。

　ですから「餅は餅屋に任せる」といったように、「データを渡して、それを処理してもらって、結果を使う」というように考え方を改めていかなければなりません。

　『データは「1つずつ」ではなくて、「塊」として扱う』、こうした考え方が主流になるはずです。

エラー解消のコツ

プログラムを作るときに避けられない「エラー」。
嫌なものではありますが、うまく付き合えば、堅牢なプ
ログラムを作る助けにもなります。

8-1 熟練プログラマーはエラーの何を見ているのか

プログラムを作っていて、いざ実行すると「エラーが出た」というのは、誰も
が経験することです。

初心者は、エラーの解決に相当な時間がかかり、プログラミングが嫌になっ
てしまうこともあります。

熟練者にとっても、もちろん、エラーの発生は嫌ですが、案外、すぐに解決
できます。それは、コツを知っているからです。

では、このコツは、どのようなところにあるのでしょうか。
それが今回のテーマです。

8-2 「エラー」とは、そもそも何か

まず、このテーマを語るに当たり、"「エラー」とは、そもそも何か"という
ところを整理します。

いくつか意見があると思いますが、大きく次の3種類のエラーに分けられる
と、筆者は考えます。

①コンパイル時・構文解析時のエラー

　コンパイル言語の場合、コンパイル（ビルド）する際にエラーが発生して、そもそも実行形式ファイルを作れないという問題です。

　スクリプト言語の場合も、構文解析がうまくいかないときは、この種のエラーが発生します。

②実行時のエラー

　実行したときに、特定の行でエラーが発生するケースです。

　スクリプト言語など、コンパイルしない言語の場合は、このエラーが、よく発生します。

　コンパイル言語であっても、特定の処理を実行したときに「**例外（exception）**」が発生して、プログラムが強制的に異常終了するというケースがあります。

③エラーは出ないけれど結果が期待するものと違う場合

　エラーは出ないけれども、意図した結果と違うケースもあります。

　たとえば「計算結果が違う」「ファイルに書き込まれるべき文字列が違う」など、結果が間違っているケースです。

　今回は、このうち、明確なエラーである①②のケースについて扱います。

8-3　データに依存しないエラー

　いま挙げた「①コンパイル時・構文解析時のエラー」と「②実行時のエラー」について考えると、これらは、「普遍的なエラー」なのか、それとも「状況に応じて変わるエラー」なのかという違いがあります。

　①のエラーは、「**処理データに依存しない普遍的なエラー**」です。

■シンタックスエラー

　①のエラーのうち、よくある原因の１つが、「**シンタックスエラー**」（文法エラー）です。

　単純な「スペルミス」はもちろんですが、「{」と「}」／「(」と「)」」の対応など、カッコ類の対応が間違っているときにも発生します。

　シンタックスエラーが発生すると、その「行番号」や「行」が表示されますが、それが正しいとは限りません。

　実際、カッコ類の対応が間違っているケースでは、見当違いの場所が表示されることもあるので、その周辺を見ていかなければなりません。

　たとえば、**図8-1**は、forループのrange関数の後ろのカッコを忘れた例です。エラーは2行目のprintを指していますが、実際は1行目の「range(10」を「range(10)」に直すのが正しいです。

```
In [1]:  for i in range(10
             print(i)

         File "<ipython-input-1-0e69e2c05bb2>", line 2
           print(i)
              ^
         SyntaxError: invalid syntax
```

図8-1　カッコを付け忘れたエラーの例

　このように、シンタックスエラーは、前の行から引きずっている可能性があるので、「その行だけ」を確認しただけでは解決しないことがあります。

　熟練者は、それを知っており、カッコの対応などについては、必ず、「**その始まりがどこか**」を確認します。

　プログラミング言語は、「{」と「}」で囲まれたブロックの積み重ねで構成されるものが多く、「ブロック単位で間違っているところがないか」を見ていくのがコツです。

■ライブラリ不足のエラー

①のエラーのうち、もう1つよくあるのは、「ライブラリが足りない」という
エラーです（図8-2）。

```
In [1]:  from bs4 import BeautifulSoup
         from urllib import request

         url = 'https://www.kohgakusha.co.jp'
         response = request.urlopen(url)
         soup = BeautifulSoup(response)

         --------------------------------------------------------------------
         ModuleNotFoundError                       Traceback (most recent call last)
         <ipython-input-1-447873622362> in <module>
         ----> 1 from bs4 import BeautifulSoup
               2 from urllib import request
               3
               4 url = 'https://www.kohgakusha.co.jp'
               5 response = request.urlopen(url)

         ModuleNotFoundError: No module named 'bs4'
```

図8-2　ライブラリが足りないエラーの例

　こうしたエラーが発生したら、ライブラリをインストールすれば直りますが、
ときには、ライブラリをインストールしても直らないことがあります。

　そうした場合の多くの理由は、プログラムの実行環境やツールが、そのライ
ブラリの場所を見つけられていないからです。

　たとえば、「環境変数」「PATH（環境変数）」「ライブラリを置くべき場所の設
定ファイル」などの設定ミスが考えられるので、これらを確認して修正します。

8-4　データに依存するエラー

一方、「②実行時エラー」は、実行の際の、さまざまな条件で発生するエラーです。

■ファイルやURLなどが存在しない

よくあるのは、指定したファイルやURLなどが存在しないパターンです(図8-3)。

この場合は、該当のファイルやURLなどが存在するかを再確認して修正します。

```
In [2]:  with open('example.txt') as f:
             for l in f:
                 print(l)

         ---------------------------------------------------------------------
         FileNotFoundError                          Traceback (most recent call last)
         <ipython-input-2-58d81329c70d> in <module>
         ----> 1 with open('example.txt') as f:
               2     for l in f:
               3         print(l)

         FileNotFoundError: [Errno 2] No such file or directory: 'example.txt'
```

図8-3　ファイルが存在しない場合のエラー

■型が間違っている

次にあるパターンが、「データの型が間違っている」というケースです。

「文字列型」と「数値型」を演算しようとしたり、「数値型の変数」に「文字列」を代入したような場合に発生します(図8-4)。

図8-4はわかりやすいですが、もう少しわかりにくい例として、「文字コードが違う」というのもあります。

たとえば図8-5は、「example.txt」が「シフトJISコード」であるときに、発生しているエラーです。

Pythonの場合、既定は「UTF-8」であるため、シフトJISコードのファイルを読み込もうとすると、こうしたエラーが発生します。

修正するには、次のように、シフトJISコードで明示的に読み込むようにします。

```
with open('example.txt', encoding='shift-jis') as f:
```

図8-5のエラーメッセージを見ても、文字コードの間違いであることはわかりにくく、これはコツが必要だと思います。

```
In [3]: a = "123" + 10
---------------------------------------------------------------------
TypeError                                   Traceback (most recent call last)
<ipython-input-3-12f0a6ff0102> in <module>
----> 1 a = "123" + 10

TypeError: can only concatenate str (not "int") to str
```

図8-4　型が間違っている場合

```
In [6]: with open('example.txt', encoding='utf-8') as f:
            for l in f:
                print(l)
---------------------------------------------------------------------
UnicodeDecodeError                          Traceback (most recent call last)
<ipython-input-6-3f90943a9dbc> in <module>
      1 with open('example.txt', encoding='utf-8') as f:
----> 2     for l in f:
      3         print(l)

c:\users\osawa\appdata\local\programs\python\python38\lib\codecs.py in decode(self, input, final)
    320         # decode input (taking the buffer into account)
    321         data = self.buffer + input
--> 322         (result, consumed) = self._buffer_decode(data, self.errors, final)
    323         # keep undecoded input until the next call
    324         self.buffer = data[consumed:]

UnicodeDecodeError: 'utf-8' codec can't decode byte 0x88 in position 0: invalid start byte
```

図8-5　文字コードの間違い

■データが未設定

ほかによくあるパターンは、「**データが未設定**」というケースです。
「null」や「not defined」などのエラーが相当します。

これは変数などが、値を一度も設定しないまま利用しているとか、何か関数を呼び出したときに、その呼び出しに失敗していて、nullなどが戻ってきているのに、そのまま利用しようとしているケースです。

たとえば**図8-6**は、HTMLをダウンロードして、「ul」タグを検索しようとしていて、それが見つからなかったときのエラーを示した図です。

```
In [19]:  from bs4 import BeautifulSoup
          from urllib import request

          url = 'https://www.kohgakusha.co.jp'
          response = request.urlopen(url)
          soup = BeautifulSoup(response)

          title = soup.select("ul")
          print(title[0].text)
--------------------------------------------------------------------------
IndexError                              Traceback (most recent call last)
<ipython-input-19-21c43afb4ca8> in <module>
      7
      8 title = soup.select("ul")
----> 9 print(title[0].text)

IndexError: list index out of range
```

図8-6　検索結果が見つからないケース

8-5　エラーはググる

　とかく、よくわからないエラーが出たときは、それを「ググる (Google で検索するの意)」のが、解決の一番の策です。

　「ググる」ときは、エラーメッセージをそのまま検索するのではなくて、「いつでも同じ語句」「主要な語句」だけを検索するようにします。

　たとえば、

```
UnicodeDecodeError: 'utf-8' codec can't decode byte 0x88 in
position 0: invalid start byte
```

というエラーメッセージは、

```
UnicodeDecodeError: 'utf-8' codec can't decode
```

という語句で検索します。

　「0x88」は、「その文字の文字コード」、「position 0」は「0文字目」という意味なので、ファイルの内容など、データに依存するものだからです。

　こうした「状況によって異なる値」を含めずに検索するのも、ひとつのコツです。

＊

　最後の図8-6の例は、見つけにくく、どちらかというと、「③エラーは出ないけれど結果が期待するものと違う場合」にも近い問題です。

　次回は、こうした、より複雑な問題の解決方法について考えていきます。

第**9**話

想定通りに動かないとき

エラーは出ないけれども、想定通りに動かない。これもよくある話です。
そんなとき、どういったことを確認すればよいのでしょうか。

9-1　　ケアレスミスと論理的なミス

思ったように動かないとき、その理由は、大きく2つに分かれます。
「ケアレスミス」と「論理的なミス」です。

9-2　　ケアレスミスとその解決

ケアレスミスは、「勘違い」「思い込み」「入力ミス」などが原因のものです。
ケアレスミスは、些細な問題ですが、気づくまでに、とても時間がかかることもあります。

■変数名などのミス

よくあるのは、「変数名」などの入力ミスです。

リスト9-1はJavaScriptの例で、変数名を間違えたものです。

「myValue2」と入力すべきものを「myVakue2」のように間違えているため、変数に値が設定されていない状態です。

この場合、エラーは出ませんが、得られる結果は期待しないものになります。
(図9-1)

リスト9-1　変数名のミス

```
myValue1 = 100;
myValue2 = 300;

// …何かの処理
// myValue2 を 200 にしたつもりが入力ミス
myVakue2 = 200;
// …何かの処理…
// myValue2 には 200 が入っていることを想定しているが、タイプミスで入っ
てない
alert(myValue1 + myValue2);
```

```
このページの内容

400


                                    OK
```

図9-1　リスト9-1の実行結果

　このプログラムでプログラマーが期待するのは、「myValue1」に"100"と、「myValue2」に"200"が入った足し算の結果、「300」と思われます。

　ところが、「myValue2=200」とすべきところを「myVakue2=200」とタイプミスしているため、myValue2の値は最初から入っている「300」のまま変わらず、結果は「400」になります。

■あえて「エラー」を出して見つける

　こうした入力ミスは、探すのがとても困難です。

　初心者プログラマーは、エラーが出ることを嫌がるかもしれませんが、熟練したプログラマーは、そうした理由から、むしろ、自分の間違いをできるだけエラーとして報告して欲しいと考えています。

　たとえば、JavaScriptには、「未宣言の変数を利用できないようにする」など、厳格な動作を規定する「Strictモード」というものがあり、先頭に「"use strict"」と書くと動作します。

この場合、**リスト9-2**のように書きます。
Strictモードでは、利用する変数の宣言が必要です。

```
var myValue1, myValue2;
```

宣言していない変数に代入しようとすると、エラーが発生します。

つまり、

```
myVakue2 = 200;
```

という部分は、「myVakue2」という変数が存在しないので、**図9-2**のようにエラーが発生します。

リスト9-2　Strictモードを使う場合

```
"use strict";
// 利用する変数を最初に宣言する
var myValue1, myValue2;

myValue1 = 100;
myValue2 = 300;

// …何かの処理
理// myValue2を200にしたつもりが入力ミス
myVakue2 = 200;

// …何かの処理…
// myValue2には200が入っていることを想定しているが、タイプミスで入っ
てない
alert(myValue1 + myValue2);
```

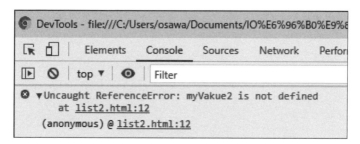

図9-2　エラーが発生したところ

■「エラー」は悪ではない

このことから分かるように、正直、プログラマーにとって、「エラーが出ないで間違って動く」よりも「エラーが出て指摘してくれる」ほうが、マシです。

エラーが出なければ、それを突き止めなければならず、それには、何時間、下手すれば、何日も、その場所を探す羽目になるからです。

9-3 変数を出力せよ

ケアレスミスでも「複雑なもの」は、なかなかエラーとして発見できませんし、ましてや、「論理的なミス」は、場所の発見が困難です。

そういうときプログラマーは、「どこまでは正しく動いているのか」を確認しながら、怪しいと思われる範囲を狭めていきます。

■期待される結果が出ているか

まず、そもそも「正しいとは何か」というと、「与えられた"入力"に対して、期待される"出力"が出ている」ということです。

私たちは、「データ」を扱っており、そのデータは「変数」に入っています。
ですから、特定の場所において、「変数に正しいデータが入っているかどうか」を確認すべきです。
*
最初の**リスト9-1**の例を見てみましょう。

本当は「100+200=300」の答えを想定しているのですが、**図9-1**に示したように結果は「400」となっています。

この処理は、
```
alert(myValue1 + myValue2);
```
なので、「この値がおかしい」となるわけです。

そういうことなら、「myValue1」と「myValue2」には、何が入っているのか

を確認します。

　いくつか方法がありますが、よく言われるのが「printデバッグ」などと呼ばれる手法で、その場で、変数の中身を表示して確認する方法です。

　JavaScriptの場合は、「console.log」でコンソール画面に書き出すことができます。

　そこで、「alert」の前に、

```
console.log(myValue1);
console.log(myValue2);
alert(myValue1 + myValue2);
```

などとします。

　これで実行すると、図9-3のように2つ目の出力、つまり「myValue2」の値が想定と違うことが分かります。

　こうして、「じゃあ、どこかで変数の値の設定に間違っているんだな」と、ソースの該当のところを探していき、

```
myVakue2 = 200;
```

の、部分の入力ミスに気づく、というわけです。

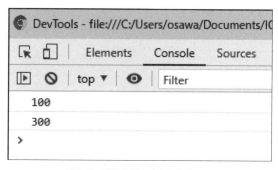

図9-3　変数の値を出力したところ

■デバッグの活用

「printデバッグ」は、古典的な方法で、どんなプログラミング言語でも対応できるものです。

しかしこうしたやり方は、効率があまり良くないです。

そこで、最近の開発環境では、「デバッガ」の機能を使うのがほとんどです。

「デバッガ」を使うと、プログラムの特定のところで「ブレークポイント(break point)」と呼ばれる「一時停止する場所」を設定でき、そこを通過すると、一時的に処理が止まります。

このとき、変数の内容を確認したり、1行ずつ手作業で実行したりすることもできます。(図9-4)

＊

プログラマーは、こうした機能を使って、何かうまく動かないときは、「どこまで動いているのか」を確認しているのです。

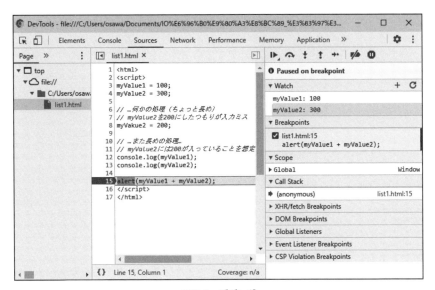

図9-4 デバッガ

9-4　「どこまでうまくいっているか」を確認する

プログラムがうまく動かないときは、「何が悪いのか、その箇所を狭めていく」というやり方をします。

「変数の表示」や「デバッガの利用」などは、そうした場面で、とても役に立ちます。

プログラムに間違いがないかを「ソースコード」で見ていても、なかなか見つかりません。

頭で考えるよりも、「どこまで動いているのか」を実際に確認したほうが近道です。

■ときには最低限の動作を確認することも

今回は、ただのケアレスミスを例にとりましたが、実際は、もっと複雑なケースもたくさんあります。

「どうも原因がつかめない」というときは、「動作する最低限のところ以外はすべて削除して動作確認する」ということも、よくやります。

*

実際の開発現場でも、「あるプログラムを追加したら、動かなくなった」ということは、よく起きます。

そのようなときは、「ここまでの追加はOKか？」「それならその先、ここまでは？」というように段階的に機能を追加し直していき、原因を特定するのです。

■ 書籍や雑誌での学習も同じ

書籍や雑誌のサンプルを真似て、「動かない」場面でも、基本的に考え方は同じです。

エラーが出ているのであれば、どこで出ているのかを確認するのはもちろんですが、エラーが出ずに動作がおかしい場合は、「変数に値が格納されているか」に、着目します。

　リストを1行1行確認するのもよいですが、ここで説明した「printデバッグ」や「デバッガ」などを使って、変数に値を確認して、「想定通りの値が入っているか」を確認すると、その場所の特定が容易になります。

＊

　本来、こうした「確認するための技術」「デバッガの使い方」は、プログラミングの入門者に教えるべき内容ですが、開発言語やそれを実行するソフトウェアによって操作の方法が違うため、なかなか学習の機会がないのが残念です。

　デバッガはともかく、「変数の中身を表示する」という「printデバッグ」は、どんな環境でも使えるテクニックです。

9-5　プログラム以外に起因することも

　プログラムは、プログラム自体に問題がなくても、正しく動作しないことがあります。
　それは「実行環境の問題」です。

　実際、ソフトウェアをバージョンアップしたら、急に動かなくなることもよくあります。
　これは「文法」や「機能」「動作」が変わってしまうのが理由です。

■ 動作確認のための「Hello World」

　まったく動かないときには、とにかくシンプルかつ、「確実に動くことが分かっているプログラム」で動作確認するのがベストです。

　「Hello World」（画面に「Hello World」と表示するだけの数行のプログラム）は、初心者が最初に学ぶプログラムという意味合いで使われることが多いですが、実際は、「環境がうまく動いているか」を確認するためにもよく使われます。

　もし「Hello World」自体が動かないようであれば、「必要なプログラムがインストールされていない」「プログラムへのパスが設定されていない」「ライブラリが見つからない」「作業用のディレクトリを読み書きする権限がない」など、環境の構築自体の失敗が考えられます。

■ 狭めて見つける

「Hello World」は動くけれども、やはり想定通りに動かないときは、改めて「変数の値」を確認することから始めます。

つい先日、オプションでデータベースの接続先を指定しているはずなのに、それが反映されないことがありました。

「おかしいな」と思って環境設定が格納されているはずの変数を確認した結果、覚えのない想定外の設定が格納されていました。

何度設定の方法を変えても、正しく反映されず、何時間も試行錯誤の末、原因が判明しました。

このプログラムは「設定ファイル」と「オプション引数」のいずれかで設定を変更できるものの、「設定ファイルがあるときは設定ファイルが優先される」ため、いくらオプション引数で設定しても、反映されていなかったのです。

*

分かってしまえば、とてもつまらない理由ですが、うまくいかない理由などは、こうした本当に些細なことがほとんどです。

しかし、プログラムは構成物がとても多いため、手がかりがなければ、原因を探すこと自体が困難です。

ですから「狭めて、見つける」。
これが不具合の原因を探す、最大の秘訣です。

## 第10話

「積み上げ」と「分解」のバランス

これからプログラミングを始める人は、どうやって勉強したらよいのでしょうか?
　原理・原則を知ってそれを応用する「積み上げ型」、全体の構造を知ってから仕組みを知る「分解型」。そのバランスが大事という話をします。

10-1　プログラミングの習得

　「駆け出しエンジニア」なんて言葉が登場するぐらい、新たに、このIT業界に入ってくる人達が増えてきて、喜ばしい限りです。

　学校教育にもプログラミングの要素が取り入れられ、興味をもつ人達が増えてきています。

＊

　IT業界に入るには、それなりの技術や知識が必要です。

　では、どのように習得しはじめればよいのでしょうか。

　さまざまな考え方があると思いますが、それには「**積み上げ**」と「**分解**」が必要だと考えます。

■「学習」に相当する積み上げ

　ここで言う、「積み上げ」とは、基礎理論からしっかりと1つずつ、仕組みを理解して習得していくことです。

　「コンピュータの仕組み」(CPU、メモリ、I/O、さらには、それより下の半導体)から、「2進数」「論理演算」「プログラミング言語」「データ構造」「アルゴ

リズム」などを習得し、それから、OSの処理、グラフィック、ネットワークなど、さらには、最近であれば、機械学習などの応用を習得していく…という流れです。

　こうした方法は、何かを学ぶときの王道です。
　専門学校や大学の情報系のところでは、こうした学び方になりますし、IT系の企業で行なわれる研修も、こうした学び方になるはずです。
　いわば、「正規ルート」と言っても過言ではありません。

　しかし、こうした「正規ルート」は、いま少しの項目を挙げただけでも分かるように、習得すべき量が多く、とてもとても長く険しい道のりです。

■「分解」でモノの作り方を理解する

　一方で「分解」というのは、すでにある完成物の構造を理解して、そこから習得していくスタイルです。

　たとえば、「他人のソースを読む」などです。ソースを読んで、何をしているのかを理解する、そして必要に応じて、改良したり、機能を追加したりしてみる——そうしたことを繰り返して、自然とモノの構造を理解していきます。

　「分解」は、実践的であり、ビジネス的に言えば、「OJT」(On the Job Training)、実地で学ぶやり方です。

■勉強してもコンピュータ好きの人に負ける？

　最近は、IT業界も歴史が長くなり、正規のルートを通ってくる人が多くなりました。
　結果として、「積み上げ」で習得している人が増えました。

　対して、昔から古くいる人は、こうした学習メソッドが当時にはありませんから、それこそ、「コンピュータが好きな人達が、勝手にやっていた」という状態で、どちらかというと「分解」のスタイルで習得してきました。
＊
　近年、いわゆる「正規のルートを通ってきた人」が、「コンピュータが好きな

人には叶わない」と悩んだあげく、ITの道から去ってしまうケースがあります。

　本人は、能力不足と思っているかも知れませんが、実は、能力ではなく、「積み上げ」と「分解」のバランスかも知れません。

10-2 ベテランがすぐに物事を解決できる理由

　ベテランが強いのは、「積み上げ」と「分解」の両方をバランス良く身につけているからです。

■構造を知らなければ作れない

　「分解」の知識を持っていることは、とても大きく、これは大前提です。

　たとえば、車で考えた場合、「エンジンの構造」「タイヤの動かし方」「シャーシの強度」など、ひとつひとつの項目を知っていても、それを適切に組み合わせる方法を知らなければ、車を組み立てることはできません。

　ベテランのプログラマーは、こうした「組み立て方」を知っています。

　では、なぜ、組み立て方を知っているのか。

　それは、すでにあるプログラムのソース、もしくは、ブロック図や設計図などを見たりすることで、「構造を知っている」からです。

■構造は応用できる

　習得した構造は、応用できます。

　IT業界では、毎年、さまざまな技術が登場しますが、実は、「以前の改良版」であることがほとんどです。

　たとえば、最近では、「Docker」という技術が流行していますが、これは、ずいぶん昔にFreeBSDというOSで実現していた、「jail」という仕組みと似ています。

　それから、データのやり取りに使われる「JSON形式」も、流行というか、そ

れを通り越して、もはや常識となりましたが、これはもともと、XMLRPCとかSOAPとかで使われていた「XML形式でデータをやりとりしていたもの」を、そんな複雑なデータ形式はやりにくいから、もっと手軽に使えるデータ形式として生まれたものだとか、こうしたことが、たくさんあります。

　歴史は積み重ねられるので、「これから学ぶ人」にとって、こうした「過去を知る」ということは、圧倒的に不利なのも事実です。
　しかし「まったく新しいわけではない、過去に同じようなものがある」ということさえ分かれば、発祥や系図を追うことで、ぐんと理解しやすく、習得すべきことも、少なくて済むはずです。

■典型的なアルゴリズムとデータ構造を知っている

　そしてベテランは、典型的な「アルゴリズム」や「データ構造」を知っています。

　「アルゴリズム」というのは解法、すなわち、目的の処理を実行するための一連の命令の組み合わせ方です。

　いわゆるIPAの情報処理技術者試験（基本情報技術者・応用情報技術者など）の勉強としてみると、「データのソート」とか「最大公約数を求める」とか、役に立つか分からないものも多いです。

　しかし、ここで言う「アルゴリズム」や「データ構造」というのは、もっと業務的なこと、たとえば、「商品データを、どのような構造で格納するか」「注文履歴を、どのような構造で格納するか」「注文履歴と請求情報の結び付けをどうするか」なども含まれます。

*

　こうしたやり方には、だいたい典型的な方法・データ構造があるので、知っているかどうかは大きいです。

　典型的やアルゴリズムやデータ構造を習得するには、現実に動いているソースを見ることです。
　といっても実際に稼働しているシステムのソースを読む必要はありません。書籍や雑誌のサンプルとして公開されている、シンプルなものの理解で十分です。むしろそのほうが本質だけが書かれているので、わかりやすいです。

■原理原則を知っている

さらにベテランは、「できること」と「できないこと」を知っていることも大きいです。

※それに加えて、できるけれども倫理的にやってはいけないことを知っていることもありますが、ここでは触れません。

なぜ「できる」か「できない」かを知っているのか。

それは、原理・原則が分かっているからです。

ベテランは、あるプログラムが動いているとき、それが「どういう原理で動いているのか」をある程度、知っています。

たとえば、ブラウザで動くプログラムであるならブラウザのどのような技術で実現しているのか、スマホアプリなら、スマホがもつどのような技術で実現しているのかを知っています。

より具体的に言えば、たとえば、「利用しているプロトコル」「利用しているAPI」などです。

*

私たちが作るプログラムは、「誰かが作ったプロトコル」「誰かが作ったOS」の上で実行されることがほとんどです(あなたがOSの開発者でない限り)。

プロトコルやOSが提供していない機能は、いくら自分が頑張っても実現できません。

ベテランプログラマーは、これを知っているので、「こういうプログラムは作れますか?」と聞かれたとき、YesかNoかを即断できます。

即断できなくても、想定する実行環境で実現可能か、つまり、プロトコルやAPIで提供されている機能の組み合わせで実現可能かを調べるすべを知っています。

これは「分解」とも絡んでいて、実現したいものを「必要な要素に分解できる」という能力を備えているのがベテランです。

10-3　　　　勤勉者に足りないもの

　長い間、プログラミングの勉強をしているけれども、なかなかプログラムが作れるようにならない——そんな人もいるかと思います。

　そうした人は、是非、自問してください。「積み上げ」だけを頑張ろうとしていないかと。

　先の車の例でも挙げましたが、いくらエンジンの構造を理解しても、車を作れるようにはなれません。

　それと同じで、プログラミング言語をはじめとした基礎理論を、いくら習得しても、システムを構築できるようにはならないのです。

　そこで、もし伸び悩んでいるようなら、実際に動いているものの構造を理解することを心掛けてみてください。

　そうすれば、「理論」と「モノ」がつながり、確実にステップアップするはずです。

10-4　　　　「分解」を意識する

　ところで初学者には、「積み上げ」も「分解」も、両方が足りない、いわゆる、「よく分からないけれども、プログラムを作れる人」がいます。

　こうした人達が登場した背景には、近年、フレームワークやライブラリなどが充実し、「見えている範囲」だけをなんとかすれば、プログラムが作れるようになったことが挙げられます。

　改良したり、似たプログラムは作れるものの、まったく新規に作ることができず、今後のステップアップについて悩んでいるようです。

■基礎力の不足とは限らない

　そして悩んだ結果、「基礎が足りない」という結論になって、積み上げをはじめる。

　けれどもそこでコンピュータの基礎理論の習得につまずき、「自分には難しい。やっぱりコンピュータが好きな人に負けてしまう」という考えになることも多

いようです。

　確かに積み上げも必要ですが、冒頭で説明した通り、積み上げは、とても長い道のりです。
　これはこれでやっておくとして、この時点でやっておきたいのは、むしろ、「分解」です。

　とかく全容をつかむ、なぜ動いているのかを知る。そうして、「下へ下へ」と潜っていくのです。

10-5　　全部理解するのは、どだい無理

　長く続けるポイントは、全部を理解しようとしないこと。
　いまや範囲が相当広くなってしまったため、全部を理解するのは不可能です。

　そういう意味で、「積み上げ」のやり方で習得をするのでは、「わからない」のは、ある意味、当たり前です。
　ベテランに少しでも近づくには、分解して構造を理解すること。

　その分解のなかで、少しずつ、積み上げをして、全体を理解していくことです。

## 第11話

「ソフトウェア的な考え方」と
「ハードウェア的な考え方」

プログラマーには、ソフトウェア出身の人と、組み込みなどのハードウェア出身の人とがいます。
　それぞれで考え方が違うので、互いの思考法を知ることは新たな発想につながります。

11-1　　ハードウェア＝「難しい」と少し違う

　最近は、「IoT」や「電子工作」の流行にともない、「ソフトウェア」からコンピュータを始めた人が、「ハードウェア」に手を出すことが増えてきました。
　筆者もそうしたうちの一人です。

　実際ハードウェアは難しいと思うのですが、逆に、ハードウェアから始めた人の話を聞くとソフトウェアほうが難しい、という話も、よく聞きます。

　ハードウェアは、より低レイヤーなので、ソフトウェアよりも難しいというイメージがあるのですが、一概にそうとも言えないようです。

11-2　　ハードウェアは「関数を作っている」のかも

　こんなことを考えたきっかけは、数年前に、「ハムフェア」(アマチュア無線の集い)で耳にした、ハードウェア技術者の「僕ら、ソフトウェアはよく分からないから」という言葉です。

　ハムフェアでは、さまざまな人達が作った作品が回路図などとともに置かれており、ソフトウェア技術者の僕にとっては、なんだか難しいものでした。

　そうした作例の中から、アナログ回路を含むものを見ているうちに、ふと「も
しかして、この人達は、"関数"を作っているのではないか」と思ったのです。

■メモリを前提とした考え方の難しさ

　展示された回路には、「メモリ」がなく、「回路を通ると波形が変わる」という
構成でした。

　つまり、そもそもの発想に「こういうデータが入ってきたら、こうする」とい
う条件分岐が存在せず、すべて「ひとつの関数」（計算）で作られた回路だった
のです。

　「CPU」や「メモリ」を使わない場合、「頭脳」に相当する部分がないので、こ
うした作り方になります。

　デジタル回路では、「フリップ・フロップ回路」で簡単な前後の値を保持でき
ますが、それでも影響するのは、「前後数個～数十個の連続したデータ」であり、
複雑な条件判断をするわけではありません。

　そう考えると、冒頭に述べた、ハードウェア技術者にとってのソフトウェア
の難しさというのは、**「複雑な条件判断でプログラムを作っていく」**という発想、
そのものにある気がします。

■「ベタに並べる」ハードウェア技術者のコード

　ハードウェア技術者の書くコードを見ると、とかく「シンプル」で、基本的な
命令をたくさん並べて構成することが多いです。

　扱う事象がそこまで複雑ではなく、そうした大規模なプログラムを書くため
の概念を取り入れる必要がないため、「オブジェクト指向」まで至ることも少な
いです。

*

　また、ソフトウェア技術者からは冗長と思えるハードウェア技術者の考え方
もあります。

たとえば、「ループ処理」があるとします。

8回繰り返す場合、多くの場合、

```
for (i = 0; i < 8; i++) {
    命令
}
```

のように、「for」などでループするかと思いますが、ハードウェア技術者が書くコードでは、

```
命令
命令
命令
命令
命令
命令
命令
命令
```

のように、同じ命令を8個並べたりします。

　これは、「同じタイミングで実行する」という大事な意味があります。

　ソフトウェア技術者がこうしたコードを見て、「冗長だから」とループに書き換えてしまうと、うまく動かないというケースがあります。

　ハードウェアは、「どのタイミング、どの間隔で実行しなければならない」というのがあり、その狂いが誤動作を引き起こすためです。

　扱うタイミングがシビアなこと、そして、そもそも「小さなメモリ」「性能が低いCPU」で実行することが前提のこともあり、プログラムは極力シェイプアップされます。

11-3 　プログラムが「巨大化」するソフトウェア技術者

　一方のソフトウェア技術者が書くプログラムは、それとは対照的です。

　「複雑な処理」や「大量のデータ」を扱うことから、全部を細かく見ると作業がしにくいため、全体を俯瞰する仕組みが不可欠です。
　そうした俯瞰する仕組みを補佐するのが、「**オブジェクト指向**」です。

　オブジェクト指向の考え方は、必須ではありませんが、処理をブロック単位で分けて抽象化していかないと、頭の整理が追いつかず、とても、プログラムを書き切れないのです。

■覚えることが年々多くなる

　ソフトウェア技術者が書くコードは、とにかく規模が大きいため、書くべきコードを極力、少なくする努力をします。。
　そのため、仕事としては、年々仕様や種類の変わる「ライブラリ」「フレームワーク」の使い方を覚えることが必要になってきます。

　ソフトウェア技術者は「日々、勉強しないと置いていかれる」などと言われますが、まさにその通りです。

　ここがハードウェア技術者から見た、ソフトウェアの難しい点かも知れませんし、これからプログラミングを始めようとする初学者にとっても、厳しい点だと思います。

■小さなプログラムに巨大な仕組みはいらない

　しかしこれは、あくまでも、「大きなプログラムを書くときのやり方」です。

　小さなプログラムであれば、「フレームワーク」などを導入する必要はありません。
　「ライブラリ」も、最低限のもので充分です。

　最近は、なんでも、「フレームワークありき」で話が進みますが、そんなこと

はありません。

　業務システムの開発では、規模が大きいことと、チーム開発することから、決まった「フレームワーク」から逃れるのは難しいかも知れません。

　逆に言えば、そういった状況でなければ、使う必然性はないのです。

　「フレームワーク」や「ライブラリ」を使うとプログラムは大きくなりますし、速度も遅くなります。
　さらに学習に時間がかかるのは、言うまでもありません。

　これは「トレードオフ」の問題です。
　小さなプログラムを作るのに、巨大な「フレームワーク」や「ライブラリ」を導入する意味は、本来、ありません。

■2進数を友達にする

　ソフトウェア技術者にとって、ハードウェアが難しいのが、「0」と「1」の世界で考えられているという点です。

　少なくとも、「2進数への理解」(2進数の計算、ビットシフトなどの考え方)がなければ、ハードウェアを理解するのは難しいでしょう。

　逆に、こうした2進数の扱い方さえ分かれば、ハードウェアを扱うのは、さほど難しくはありません。

　ハードウェアをソフトウェアから制御するということは、ハードウェアの仕様に従って、特定のピンを「0」にしたり「1」にしたりしているだけだからです。

■接続部分が難しい

　いちばん難しいのは、コンピュータとハードウェアとの「接続回路」です。

　「CPU」と「電子部品」は、直結できません。
　たとえば、「マイクから音声を取り込みたい」といったとき、「CPUのピン」に「マイクの配線」を直接つなげばいい、というわけではなくて、「アナログ」を

「デジタル」に変換する回路が必要です。

　こうした「つなぎ方」は、完全にハードウェアの世界なので、習得がなかなか難しいです。

　ただ、最近は、「直結可能なマイコン」「よく使うものが内蔵されているマイコン」なども出てきて、ずいぶんと扱いやすくなりました。
　近年の電子工作ブームは、こうした扱いやすい周辺部品が増えたという影響も大きいです。

11-4　プログラムは目的を実現する手段

　結局、プログラムは「目的を実現するための手段」なので、さまざまな考え方があります。

　とかく分野が広いため、「自分の範囲外のことは分からない、難しい」と感じるのは当然です。
　でも、それが「本当に自分にとって必要かどうか」というのは別問題です。

■郷に入っては郷に従え

　近年は、ハードウェア技術者がソフトウェアを、ソフトウェア技術者がハードウェアを扱うことが多くなってきています。

　しかし、そもそもの考え方が違うので、ソフトウェア技術者から見たハードウェア技術者のプログラムは、「ベタ書きで格好悪い、効率的でない、最先端技術が取り入れられていない」などと思うでしょう。
　逆にハードウェア技術者から見たソフトウェア技術者のプログラムは、「メモリをたくさん消費する、遅い、複雑で何をしているかわからない」、となるのは当たり前のことです。

　しかし、郷に入れば郷に従わなければなりません。

　たとえば、ハードウェア技術者が、巨大なソフトウェアを開発する立場になったとき、ライブラリやフレームワークを使わずに書くと、「どの処理を、どこ

でやっているのか」を見通せない巨大なプログラムになり、開発後の保守が大変になるのは目に見えています。

　一方で、ソフトウェア技術者が、複雑なフレームワーク使ったプログラミングを持ち込めば、「メモリ不足」に悩まされるでしょう。

　その開発手法が使われているのには、それぞれ理由があるのです。

■どんな書き方も許される。それがプログラミング

　最近では、機械学習の影響で、「数学者」や「科学者」など、研究者が書くプログラムを見掛けるケースも増えてきました。

　それらを実際に見ると分かりますが、見通しの悪いプログラムの書き方だったり、変数の使い方が適切でなかったり、環境がベタ書きで自分の環境でしか動かないなど、首をひねりたくなるようなコードも、意外とあります。

　でも、研究者はプログラムを書くのが仕事ではないので、それでいいのです。

　実際に、その研究を製品にするときは、専門の「ソフトウェアエンジニア」が書き直すので、まったく問題ありません。

＊

「こういう書き方はダメ」「こういうやり方をしたほうがいいよ」というのはナンセンス。

　やりたいように書けるのが、プログラミングの魅力です。

第**12**話

システム開発に関わる仕事の習得法

システム開発は、趣味のプログラムと作り方が違います。分業制なので、皆がコードを書いているわけでもありません。
　ここではシステム開発の現場が、どのようなものかを紹介します。

12-1　　プログラマーはどこへ行くのか

　さまざまな分野でIT化が進み、プログラミングが高度化した現在、システム開発の仕事は、コードを書くことだけではありません。

　趣味でコードが書けても、仕事ができる人とは限りません。仕事には仕事の流儀があるからです。

　最近では、開発規模が大きくなり、分業が進んだ結果、全体の見通しがとても悪くなってきています。

　そこで今回は、システム開発の現場を紹介しましょう。

　この業界には、さまざまな人がいて、それぞれ得意分野が違います。

　これからこの業界に入ってくる人はもちろん、すでにこの業界にいる人たちも、自分が将来、どこに向かえばいいのかを知るのによい機会となるはずです。

12-2　　　　　システムに関わる人たち

システムの開発運用には、さまざまな人たちが関わります。

■開発に関わる人たち

一つのシステムの開発には、だいたい次のような人達がいます。

●PM（プロジェクト・マネージャー）

全体の統括係で、進捗管理をする人です。

●SE（システム・エンジニア）

システムの設計をする人です。

システムを作りたいというお客さんの要望を聞いて、どのような形で作るのかを考え、設計します。

●PG（プログラマー）

実際にコードを書く人です。

SEが作った設計書を実現するためのプログラムを作ります。

●デザイナー

画面などをデザインする人です。

デザインするだけの人もいれば、HTMLやCSSなどのコードの要素を書く人もいます（特に後者の人は「コーダー」と呼ばれて区別されることもあります）。

■それとは別の運用部隊

システム案件には、こうした「開発部隊」とは別に、「運用部隊」がいることがほとんどです。

運用の担当者は、サーバやネットワークなどのインフラの構築や保守管理などを担当します。

こうした担当者は、「インフラ・エンジニア」と呼ばれます。

■求められる専門性が異なる

これらの人々は、全員が多かれ少なかれIT技術の専門性を備えています。

デザイナーはIT技術が要らないと思う人もいるかもしれませんが、それは間違いです。

知識がなければ、技術的に実現できないデザインで作ってしまうことがあります。

また、慣例を知らないと、操作しにくいユーザー・インターフェイスになりがちです。

「プロジェクト・マネージャー」は全体を統括する人ですが、技術が分からなければ、「進捗が遅れているのか取り戻せるのか」「人をどのようにアサインすれば最適なのか」などがわかりません。

■幅広い知識と応用できる深い知識

とはいえ、技術的な要素が多いのは、「システム・エンジニア」と「プログラマー」そして「インフラ・エンジニア」です。

こうした人たちは、モノを作るための知識を備えていますが、その範囲は大きく違います。

「システム・エンジニア」は、全体を設計するため、実際に実装できる技術はなくても、全体を幅広く知っている必要があります。

対して「プログラマー」は、特定の言語、特定のフレームワークなど、自分が得意とする技術を突き詰めればよい方向にあります。

ただし、どんな技術にアサインされる（割り当てられる）かわからないので、「得意でなくても、勉強すればできる」という程度の、基礎知識が必須です。

12-3　足りないのは「全体を見渡した設計ができる人」

この業界は、常に人手不足ですが、いちばん足りないのは「全体を見渡して設計できる人」です。

この言葉の響きから分かるように、これを習得できれば、かなり強いエンジニアになれることが予想できると思います。

では、そうした強いエンジニアになるには、どうすればいいのでしょうか。

■「見習い」から始めてOJT

その答を導くには、企業の新人研修が参考になります。

特に新卒採用の場合、プログラミング経験がない人を採用する場面が多いからです。

企業研修では、基本的な1つのプログラミング言語を習得させたり、情報処理技術者試験向けの勉強をしたりして、基礎を学ばせます。

それから実際の部署に配属させて、OJTで実際の現場を体験させていきます。
1つの現場でなく、さまざまな現場を体験させることで、だんだんと全体が分かる技術者に成長するようです。

世の中にプログラミング言語は、たくさんありますが、どれも基本は変わりません。

1つの言語をマスターすれば、ほかに応用が効きます。
ですから、最初に基本的な言語をマスターし、そこで足場を固めて発展させていくのは、理にかなっています。

■技術要素の組み合わせ方を理解する

では、こうした研修と同等の学習を、自分でやっていくにはどうすればいいのでしょうか。

プログラミング言語の習得や情報処理技術者試験向けの学習といった基本的なことについては、書籍や動画などで勉強できるはずです。

問題は「OJT」の部分です。
OJTの本質は、実際の製品が、どのように作られているのかを知る、もう少し言うと、どのような構造になってるのかに興味を持ち、その構造を理解することです。

世の中にあるもので、まったく新しいものというのはほとんど存在しません。

どれもが、何かの組み合わせです。ですから、どうやって組み合わせているかがわかれば、作れるようになるのです。

これは、第10話で話した「積み上げて考える人」と「分解して考える人」との違いにもつながります。

■事例は、構成を知るよき資料

では、「システムの構造とは何か」というと、大きなところで言えば、技術要素の組み合わせ方やコンポーネントの組み合わせ方です。

これらを知るための良き学習ソースが、「**事例**」です。

「システム・インテグレーター」(SIer) は、自社の実績のアピールのため、過去の開発事例を公開していることがあります。

また、コンポーネントやフレームワーク、仮想基盤などのメーカーもまた、構成例などを公開しています。こうした資料を見れば、「何と何を組み合わせているのか」という全体像がわかるはずです。

これはとくに、「SE」に求められるスキルです。

SEはお客さんに、「可能かどうか」そして、「どのぐらい大変なのか」などをよく聞かれます。

そうしたとき、過去の事例を知っていれば、すぐに答えられますし、新規に開発するときの、アイデアの源になります。

■典型的なデータ構造の習得

システムの構造について、もっと細分化したプログラマー向けの話として言えば、絶対に理解しておきたいのが「データのもち方」です。

「オブジェクトとしてもつのか配列としてもつのか」「親子関係をどう表現するか」などがそれに相当します。

典型的なデータ構造は、大体決まっています。

ですから、古典的なアルゴリズムの本や入門書で習得するのが、いちばんよい方法です。

たとえば、請求書を作る場合、
・明細のデータをどう表現するか
・見積書との関連性をどう持たせるか
・入金期限をどう表現するか
・入金済みかどうかをどう管理するか
・取引先ごとの集計や月次の集計、年次の集計をどう表現、処理するか
などです。

このように実例を挙げると、「経理のデータ表現にしか使えないし、結局は、業務によって異なる」と思うかもしれませんが、まったくそのようなことはありません。

たとえば、掲示板やチャットを表現する場合のデータ構造は、ほとんどこれです。

　請求書がチャットルームに相当し、明細がそのチャットルーム内でのユーザーのそれぞれの発言に相当します。

　取引先ごとの集計というのは、ユーザーごとの発言の絞り込みに相当する操作です。

＊

　このように、一度データの持ち方を習得すれば、それは、さまざまな場面で応用できるのです。

＊

　こうしたデータ構造や設計は、古典的な本や経験で知るのが一番ですが、てっとり早く習得したいのであれば、「デザインパターン」(いくつかの設計集)で習得する方法があります。

　また、こうした設計はしてはいけないという「アンチパターン」で、ダメな手法を理解していくのもひとつの方法です。

■ときどきは知識のアップデートが必要

　IT業界では、しばしば知識のアップデートも必要です。

　いまの常識は、明日の非常識になる可能性があります。

　たとえば、いま挙げた、いくつかのデータ構造ですが、最近では、たくさんのデータ(ビッグデータ)を保存して、高速な検索・集計できる「BigQuery」(これはGoogle Cloudのサービスです)のような仕組みがあります。
　そのため、効率がよいデータ構造よりも、汎用的なデータ構造のほうが好まれることもあります。

　また技術要素についても、新しい技術要素が登場することで、より良い組み合わせが実現できるようになることもあり、とくにクラウドの世界では、それが顕著です。

　しかし、だからといって基本的な考え方が変わるわけではありません。

基礎を習得することは遠回りに思えるかもしれません。

ですが、ある程度の基礎がなければ、そこから先、何も進めません。

12-4　「猛者」でなくても生きていける

この業界は、特に最近は、実力のある人達が目立っているように見えますが、実際には、普通の人たちがたくさんいます。

普通の人たちが普通にシステム開発をしています。何も珍しいことはありません。

日々勉強してるわけでもありませんし、すべての技術に長けているわけでもありません。そうした猛者は、ごくわずかです。

誰もが勉強しながら仕事をしていますし、それで仕事が進んでいます。

そのため、「全部知らなければ、まだ知識が足りない」と思うのはナンセンスです。

幅広いことを習得するよりも、ここで述べたような、「ひとつのプログラミング言語の習得、そして、情報処理技術者試験取得向けの基本学習」が済めば、あとは立派にやっていけます。

ただそれは、SIerと呼ばれる開発請負を主とする開発業務で、「要件定義→設計→実装→テスト」という流れを汲む「ウォーターフォール開発」の場合。

それとは別に、最近、はやりの「アジャイル開発」もあり、そちらは、猛者でないと厳しい側面があります。

＊

次回は、こうした「アジャイル開発」などの開発手法についてお話します。

第13話

「アジャイル」と、あなたがいるべき場所

設計してから実装する「ウォーターフォール」に代わる、新たな開発手法が「アジャイル」です。

アジャイル開発では、プログラマーに求められるものが、いままでと大きく違います。

13-1 ウォーターフォール開発

多くのシステム開発では、「要件定義」→「設計」→「実装」→「テスト」というように、順序良く作業が進められます。

このような一方向の流れを水の流れにたとえて、こうした流れでシステムを作ることを「ウォーターフォール開発」と言います。

■「かっちりしたもの」が作れる

「ウォーターフォール開発」では、要件定義のときに、「どのようなものを作るか」という仕様を決めます。

以降は、それに従って設計をしていきます。

そして設計を決めたら、実装の部分では、その設計に従って作っていきます。

最後に、これらの設計や要件定義を満たすかどうかをテストします。

このように、「決まったことを次の工程に渡す」という作り方をするので、仕様が決まった「かっちりとしたものが作れる」というメリットがあります。

また、

・要件定義は要件定義の人(システムエンジニア)
・設計は設計の人(システムエンジニア)

・実装は実装の人(プログラマー)
・テストはテストの人(テスター)

と言うように、それぞれの分業制で動くのも、大きな特徴です。

　反面デメリットとしては、それぞれの工程に時間をかけるため、素早く作れない、つまり、作り始めてから、「動くモノ」ができるまでに、数ヶ月から1年以上、かかってしまうことが多いことが挙げられます。

　時が経てば、「もういらない」となりがちです。
　「こういう機能が欲しい」と思って作ったけれども、完成したときには、もう、そんな機能は時代遅れになっている、というケースです。

13-2 　作りながら進める「アジャイル開発」

　こうした、「動くモノができるまでの時間がかかりすぎる」という問題を打破するために考えられたのが、「アジャイル開発」という手法です。

　アジャイル開発は、「アジャイルソフトウェア開発宣言」(https://agilemanifesto.org/iso/ja/manifesto.html)という宣言に則った、開発手法のことです。

私たちは、ソフトウェア開発の実践
あるいは実践を手助けをする活動を通じて、
よりよい開発方法を見つけだそうとしている。
この活動を通して、私たちは以下の価値に至った。

プロセスやツールよりも個人と対話を、
包括的なドキュメントよりも動くソフトウェアを、
契約交渉よりも顧客との協調を、
計画に従うことよりも変化への対応を、

価値とする。すなわち、左記のことがらに価値があることを
認めながらも、私たちは右記のことがらにより価値をおく。

　「宣言」ということから分かるように、アジャイルは、「こうやって作ろうぜ!」という「ノリ」であり、具体的に、「どう作ろう」という話ではありません。

13-3 | 「スクラム開発」と「スプリント」

アジャイルを実現する方法は、いくつかあり、代表的な開発手法が「**スクラム開発**」です。

■小さな繰り返しで全体を作る

スクラム開発は少数精鋭で、「欲しい機能を少しずつ」作っていきます。

簡単に言うと、「今週はここまで作ろう」とか「今月はここまで作ろう」というように、小さな計画を立てて、その計画を実現するため、チームのみんながんばるというやり方を繰り返して、どんどん作っていきます。

この「今週はここまで」とか「今月はここまで」といった、それぞれの期間のことを「**スプリント**」と言います。

つまり、**図13-1**に示すように、小さなスプリントを繰り返し実施していくことで、全体を作っていく開発手法です。

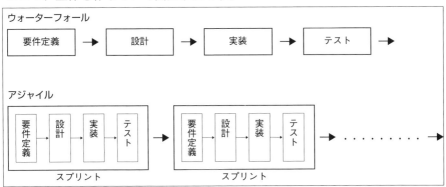

図13-1　ウォーターフォールとアジャイル

■ブラッシュアップしながら作っていく

スクラム開発のポイントは、それぞれのスプリントが終われば、そこまでは完成していて、「動くモノ」が出来ている、つまり、試せるということです。

もし、その試した結果が、「自分の欲しい機能でない」のであれば、改修するスプリントを、もう1回実施するなど、軌道修正できます。

そして、「これでOK」となったら、その時点で、すぐリリースできます。
このように、スクラム開発は「ブラッシュアップしながら作れる」のです。

アジャイル宣言の「計画に従うことよりも変化への対応を」というところが、
このあたりに表われています。

13-4 「強いモノ」しか残れない世界

いま、チームが少数精鋭と説明したように、アジャイル開発の現場は、なか
なか厳しいです。

開発者ひとりひとりがアスリートであり、十分な能力をもっていることが前
提です。
ウォーターフォール開発と違って、設計も実装もテストもひとりで担当する
ことが多いため、幅広い知識が求められます。
勉強したての人が、このチームに入っても、たぶん、何もできないでしょう。

*

僕は、アジャイル開発は、「音楽のジャズセッション」だと思っています。

楽器を自由に扱える人が集まってジャズセッションする。
それと同じように、アジャイルでは、自在に開発できる人が集まって、皆で
作り上げていくのです。

ジャズセッションに、「ピアノを始めたばかり人」が参加しても、何もできな
いように、開発をしはじめて数ヶ月の人が、そこに参加しても、ぶち壊すだけ。
下積みが必須です。

「みそっかすは要らない」…そんな厳しい世界です。

13-5 アジャイルがすべてではない

そもそもアジャイルが必要なのは、「変化に、すぐに応じれるようにするため」です。

アジャイルが多く採用されている現場は、自社開発しているWeb企業です。こうした企業は、「新しいサービスをいかに早く、ユーザーに体験させることができるか」が命だからです。

しかし、多くのシステムは、そうしたことが求められるわけではありません。
そんなことよりむしろ、きちんと設計して、その設計に問題がないかをレビューして、間違いがないように実装していくことが求められるシステムのほうが多いです。

本来、アジャイルは、「新しい取り組み」「世の中にないものを作る」という場面において、考案された開発手法です。
ウォーターフォールのほうが良いことも、いっぱいあります。

「Webの企業がきらびやかであること」「少人数短期間で、こんなすごいシステムを作りましたというのは美談になりやすい」ことから、「これからはアジャイル開発だ」と見えているかも知れません。

しかし、だまされてはいけません。
アジャイルは「スター」であり、そうしたアジャイルの人たちが活躍する現場は、きらびやかな舞台。ふだんの開発現場では、オーバースペックです。

武道館でコンサートを開く人たちが、市民ホールで毎週コンサートを開くでしょうか？
アジャイルは、ほとんどの人にとって「憧れ」。そのぐらいがちょうどいいと思います。

13-6　　　運よくチームに入ったら甘えよう

　実力がない状態で、スクラムなどのチームに入ると、なかなかたいへんですが、学ぶべきことはたくさんあります。
　ですから、もし機会があれば、積極的に参加することをお勧めします。

　チームに入ったなら、チームの人たちは、「優秀である」ということを思い出してください。
　優秀なので、多少、自分が出来なくても、さまざまなサポートをしてくれて教えてくれます。
　ですから、入りたてのときは、そうしたサポートに感謝して甘えましょう。

　繰り返しになりますが、アジャイルはジャズセッションです。
　「自分は何もできない」という気持ちは捨てて、積極的にチームに参加する、そういう姿勢に考え方を変えていくことが大事です。

13-7　　　　　開発の現場はさまざま

　最近は、ITが花形職業であること、そして、TwitterなどのSNSで、さまざまな意見が見えるようになったこと、転職市場が盛んで、企業PRも盛んなことなどから、「きらびやか」に見えて、かなり実力がないと、参加できない。だから、もっともっとたくさん勉強しないと…。と思って尻込みしてしまう人が多いように見受けられます。

　勉強することは大事ですが、開発の現場は、本当にそれぞれで、どんな手法が使われているか大きく違います。
　筆者は、その立場から、さまざまな開発現場に入り込むことが多いのですが、それぞれでやり方が違うし、そのたびに学ぶことがたくさんあります。

　皆さんが、Twitterや広告などで見ている「開発の現場」は、ほんとうに一部です。

　これからITの仕事に就こうと考えている人は、「自分には実力が足りない」などと思わず、どんどん、飛び込んで、そして揉まれてください。
　最初から、「実力が足りない」と諦めるのはもったいないです。
　実力に応じた「あなたのいるべき場所」が、この業界には、あります。

第14話

楽しいプログラミングライフ

プログラミングは楽しいものだと思います。
　でも、仕事や勉強としてのプログラミングは、そうとは限りません。
　プログラミングが「つらいとき」「できないとき」。
　そんなとき、どう向き合えばよいのでしょうか？

14-1　　プログラミングの「玉手箱」

　本書は、月刊I/Oの連載を書籍化したものです。
　連載時には、ずっと、「あの頃のワクワク感を伝えたい」と思っていました。

　「あの頃」というのは、たくさんの種類のパソコンが乱立して、みんながプログラミングしていた、1980年〜1990年ぐらいでしょうか。

・プログラミングの技術を身につけないと充分な速度で動かない
・アイデア次第で、とんでもないことができる！

　当時のパソコンの主な用途は、「ゲーム」だったわけですが、明らかに、自分が知っているパソコンの性能以上の、凄いものを見せつけられるわけです。
　「喋る」「画面が回転する」「多重に重なってスクロールする」……。

　こうした驚きから、「どうやって、これを実現しているのか」、それを探る楽しさがあったわけです。
　その頃まさにパソコンは、「玉手箱」そのものでした。

14-2 趣味プログラミングのススメ

今では、「仕事が楽しいプログラミングライフ」という人も増えてきて、趣味でプログラムを書かない人もいます。というよりも、むしろそれが正しい姿だと思います。

システムを構築するのが仕事であれば、その仕事をやり遂げるだけの力量があれば充分です。

最近は、「コスパ(コスト・パフォーマンス)の良し悪し」で判断する傾向にありますが、コスパを考えれば、「最小限の知識・労力で仕事をこなすのがいい」のは、当たり前です。

でも、僕らのような世代の人間は、プログラミングすること自体が楽しいと思った世代です。

楽しいと思った理由は、「アイデアと工夫」で、表現力の差が出たからです。

ところが、いまはどうでしょうか。

- 誰が作っても同じようなプログラミング、そして何よりチーム開発が求められる時代
- Gitでソースコードを集中管理し、自分の担当のコードを書き、Slackで不明点をやり取りし、週1の定例で報告、プロジェクトによっては朝例もある

こんな仕事のプログラミングで、「わくわくする」なんて、どうかしていますよね。

最近、「プログラムが好きではない」「仕事に過ぎない」なんて人が増えているのは、もしかして、「楽しいプログラミング」というものを知らないのではないか。そう、僕は思うのです。

プログラミングをしていて、「楽しくないな」「いつも同じことをやっているな」と思ったら、是非、「趣味プログラミング」をはじめてください。

「マイコン」とか「IoT」とかお勧めです。
実際に「動く」ものができますから、楽しいと思います。
マイコンやIoTと言うと、難しいというイメージがありますが、最近では、

「JavaScriptで書けるマイコン (obniz)」などもありますし、「M5Stack」のような液晶付きマイコンを使えば、画面表示もできます。

　無線LANやBLEに対応しているものもあるので、パソコンから制御したり、パソコンからBluetoothの機器として使ったりできるものもあります。

　「ハードウェアはちょっと…」という人は、「競技プログラミング」はどうでしょうか。
　機械学習のコンペの「Kaggle」、競技プログラミングの「AtCoder」、セキュリティコンテストの「SECCON」など、腕試しの場は、たくさんあります。
　「プログラミング」と言っても、業務システムから競技プログラミング、そしてマイコンのような組み込みに至るまで、その分野はさまざまです。
　プログラミングに飽き飽きしてきたら、他の分野に足を踏み入れてみるのは、いかがでしょうか。

■プログラミングは仕事と割り切る

　もちろんプログラミングが、そこまで好きじゃないなら、無理してプログラミングする必要もないでしょう。

　Twitter界隈などでは、「本当のプログラマーは、土日も勉強している」なんて言われていますが、当事者から言えば、そんなことはありません。
　趣味として遊んでるだけで、興味がないなら、勉強しなくてもいいと思いますよ！

　現在のプログラミング環境は、とっても簡単になったので、そんなに勉強しなくても大丈夫です。

　ただし、昔に比べて、「分野が広くなっている」のは事実です。
　クラウドは登場しますし、Gitなどのチーム開発ツールも使わないといけない、CI/CDなどのテストやデプロイの環境も考えないといけないなど、覚えなければならないことは、たくさんあります。

　でも、これって、「深く勉強する」のではなくて、「概要とやり方」を知ってお

けば、なんとかなります。

　本気になれば、3日間ぐらいの研修に行けば、習得できる範囲です。

　どうぞ、土日はゆっくりお休みください。

　ただ、「今の流行は何か？」を知っておくのは大事なので、時間があれば、「本屋に行く」といった「ネタ探し」は、したほうがいいかもしれません。

■コードが書けなくてもいい

　プログラマーはコードを書くのが仕事なので、「コードが自在に書けない人」は、居心地が悪いかも知れません。

・どんなコードを書いていいか思い浮かばない
・コードを書くのに時間がかかりすぎる
・作ったコードがいつも間違いだらけ

　これは正直、適性なので、仕方ないと思います。身も蓋もない話で恐縮ですが、努力したところで、天才には敵いません。

　例えば僕は、絵がまったく描けないのですが、努力したところで絵が描けるようになるとは思いませんもの。こんな僕が、もし、アニメーターの仕事に就いたら、きっと、発狂するでしょうね。

　プログラマーって、そういう仕事なんです。

　この業界、設計とかテスト、運用とかの分野もあるので、コードが書けなくても居場所があります。

　コードが書けないなら、別のところで力を発揮してもいいではありませんか。

　本業ではプログラミングからは少し離れて、趣味でちょっとしたコードを書いて嗜む……そんな楽しみ方もありだと思います。

■ちょっと便利なプログラミングが気軽に楽しめる時代

いまの時代、趣味のプログラミングは、昔に比べて、とっても始めやすくなりました。

ライブラリやフレームワーク、APIが揃っているため、数行～数十行のコードを書けば、それなりのものが作れるからです。

今、流行の人工知能だって、自分でロジックを考えるのは難しいですが、クラウドのサービスを使えば簡単です。

画像をアップロードすれば、そこに映っているモノをテキスト情報として取得できますし、音声データを送れば、テキスト化して返してくれたりもします。

音声の構文解析もでき、たとえば、「ピザを10枚ください」という言葉から、対象語句となる「ピザ」と「10」を取得できたりします。

うまく使えば、音声制御の装置も簡単に作れますね！（Amazonの家電コントローラ「Alexa」は、まさにこの仕組みを使って、家電をオン・オフしたり、テレビのボリュームの上げ下げをコントロールしています）。

14-3 | 楽しく書き続けることがスキルアップにつながる

ときどき、「プログラムが書けるようになる秘訣はなんですか？」と聞かれることもありますが、それは、「書き続けること」だと思います。

そんな回答では、元も子もないので、「基礎をおろそかにしないことです」とか「人のプログラムを読んで真似していくことです」など、それっぽいことを言いますが、端的に言うと、本当にこの「書き続けること」にほかなりません。

先ほども少しお話しましたが、プログラミングというのは、絵とか音楽に似たもので、「繰り返しやって、習得していくもの」だと思います。

では、繰り返しやっていくには、どうすればよいか。

それは、「楽しく続けること」です。楽しくなければ、なかなか続けられません。

僕は、ピアノを習っていましたが、ピアノが続けられたのは、「バイエル」などの教本に加えて、1本の楽曲を弾いて楽しむということがあったからだと思

います。

　プログラミングも、それと同じで、「勉強」だけでは、辛くて身に付きません。

　僕が、趣味プログラミングを勧めているのは、「楽しくやるため」に不可欠だからです。

＊

　僕は、職業プログラマーですから、仕事のコードも書きます。そしてそうした技術書もたくさん出しています。

　でもそうした傍（かたわ）ら、電子工作の本など、趣味の本もたくさん出しています。

　趣味の本を出している理由は、「楽しんでもらいたい」からです。

　本書は、「プログラミングの玉手箱」と題して、いまの皆さんに伝えたい、さまざまなトピックを綴ってきました。

　今後も機会があれば、こうした「僕が知っている情報」を、どんどん伝えていければと考えています。

＊

　本書を最後まで、お読み頂き、ありがとうございました。

　皆様に幸せなプログラミングライフが訪れることを！

索 引

■著者略歴

大澤　文孝（おおさわ　ふみたか）

技術ライター。プログラマー。
情報処理技術者（情報セキュリティスペシャリスト、ネットワークスペシャリスト）。
雑誌や書籍などで開発者向けの記事を中心に執筆。主にサーバやネットワーク、
Webプログラミング、セキュリティの記事を担当する。
近年は、Webシステムの設計・開発に従事。

［主な著書］

「Remotteではじめるリモート操作アプリ開発」
「「Wio Terminal」で始めるカンタン電子工作」
「TWELITEではじめるカンタン電子工作改訂版」「Jupyter Notebook レシピ」
「「TWELITE PAL」ではじめるクラウド電子工作」「M5Stackではじめる電子工作」
「Python10行プログラミング」「sakura.ioではじめるIoT電子工作」
「TWELITEではじめるセンサー電子工作」「Amazon Web ServicesではじめるWebサーバ」
「プログラムを作るとは？」「インターネットにつなぐとは？」
「TCP/IPプロトコルの達人になる本」　　　　　　　　　　　　（以上、工学社）

「ゼロからわかる Amazon Web Services超入門 はじめてのクラウド」　　（技術評論社）

「ちゃんと使える力を身につける Webとプログラミングのきほんのきほん」　（マイナビ出版）

「UIまで手の回らないプログラマのための Bootstrap 3実用ガイド」　　　（翔泳社）

「さわって学ぶクラウドインフラ　docker基礎からのコンテナ構築」　　　（日経BP）

本書の内容に関するご質問は、
① 返信用の切手を同封した手紙
② 往復はがき
③ FAX (03) 5269-6031
　（返信先のFAX番号を明記してください）
④ E-mail　editors@kohgakusha.co.jp
のいずれかで、工学社編集部あてにお願いします。
なお、電話によるお問い合わせはご遠慮ください。

サポートページは下記にあります。

［工学社サイト］
http://www.kohgakusha.co.jp/

I/O BOOKS

プログラミングの玉手箱

2022年4月30日　初版発行　©2022

著　者　大澤　文孝
発行人　星　正明
発行所　株式会社工学社
〒160-0004 東京都新宿区四谷 4-28-20 2F
電話　　(03)5269-2041(代)［営業］
　　　　(03)5269-6041(代)［編集］
振替口座　00150-6-22510

※定価はカバーに表示してあります。

印刷：(株)エーヴィスシステムズ　　　　ISBN978-4-7775-2194-4